Roh!
Die neue Definition von Rohkost

Für Oskar und Leo

© 2014 Fackelträger Verlag GmbH, Köln
Emil-Hoffmann-Straße 1
D-50996 Köln

Alle Rechte vorbehalten

Texte: Hubertus Tzschirner
Einleitungstext: Thomas A. Vilgis
Fotografie: Daniel Esswein
Satz und Gestaltung: e.s.n Agentur für Produktion und Werbung GmbH

Gesamtherstellung: VEMAG Verlags- und Medien AG, Köln
ISBN 978-3-7716-4547-2

www.fackeltraeger-verlag.de

Hubertus Tzschirner
Thomas A. Vilgis
Daniel Esswein (Fotografie)

Roh!
Die neue Definition von Rohkost

VORWORT	6
NICHT ALLES WAS DAMPFT IST GAR …	10
Roh – vielmehr als nur nicht gekocht	12
Roh in Ethnologie und Kulturwissenschaft	13
Roh und Molekülstruktur	16
„Roh" und molekulare Veränderungen	18
Neue Techniken für roh und pseudoroh	32
Vakuum	46
FLEISCH	50
FISCH	72
GEMÜSE	124
OBST	168
NACHSCHLAG	186
Grundrezepte	188
Danksagung	198
Glossar	200
Bezugsquellen	206
Rezeptverzeichnis	208

Warum Rohkost?

Schon unsere frühen Vorfahren waren ausgesprochene „Rohköstler". Dies war allerdings weniger gesundheitlichen Aspekten als vielmehr dem Umstand geschuldet, dass ihnen zunächst einmal gar nichts anderes übrig blieb. Zum Jagen waren sie zu langsam, zum Erlegen großer Wildtiere zu schwach – und die Entdeckung des Feuers ließ auch noch auf sich warten. Folglich stand hauptsächlich pflanzliche Nahrung auf dem Speisezettel: Knollen, Blätter, Beeren, Samen, daneben aber auch Tierisches in Form von Insekten und Insektenlarven, kleinen Säugern oder Fischen, die sich mit einfachen Mitteln fangen ließen. Grund genug für uns, für dieses Buch nicht ausschließlich Obst und Gemüse in den Fokus zu rücken, wie dies so oft in Büchern zum Thema Rohkost getan wird, sondern uns auch ganz ausgiebig mit den Nahrungsgruppen Fisch und Meeresfrüchte sowie Fleisch zu beschäftigen.

Was ist roh?

Im allgemeinen Sprachgebrauch versteht man unter roh in der Regel nicht erwärmte oder nur dezent erhitzte Lebensmittel. Als Obergrenze wird dabei häufig die 42-°C-Marke angegeben, da – so das gängige Argument – durch die Zubereitung unter höheren Temperaturen Vitamine und andere wertvolle Inhaltsstoffe verloren gehen. Die Wissenschaft urteilt allerdings differenzierter. Wird beispielsweise Fisch auf 42 °C erwärmt, ist das in vielen Fällen bereits zu hoch, während bei Wurzelgemüse Temperaturen bis zu 70 °C kaum Texturveränderungen bewirken. In manchen Fällen ist es sogar besser, Gemüse auf bis zu 70 °C zu erwärmen, um vitaminzerstörende Enzyme zu inaktivieren. Gerade bei rohen Smoothies kommen diese Enzyme bereits beim Mixen mit Vitamin C in Berührung und bauen es innerhalb von wenigen Minuten ab. Wird vor dem Pürieren das Gemüse jedoch für wenige Minuten auf etwa 60 °C erwärmt, sind diese Enzyme, sprich Proteine, nicht mehr aktiv, und der Vitamin-C-Gehalt bleibt vollkommen erhalten. Derartige „sanfte Wärmebehandlungen", sofern notwendig, sind die Grundlage für den Begriff „pseudoroh", auf den wir im Theorieteil detaillierter eingehen werden.

Wie sich zeigt, muss eine Definition des Zustandes „roh" also unter Berücksichtigung molekularer Veränderungen in den Nahrungsmitteln erfolgen. Da sich alle Lebensmittel vollkommen unterschiedlich zusammensetzen, müssen Obst, Gemüse, Fleisch und Fisch auch unterschiedlich bewertet werden. Folglich kann „roh" nicht über eine einheitliche Temperatur für alle Lebensmittel definiert werden.

Im vorliegenden Buch werden alle diese Zusammenhänge nicht nur wissenschaftlich fundiert dargelegt, sondern auch in der Praxis erprobt.

Das Resultat in Form von exquisiten Rezepten garantiert nicht nur eine „pseudorohe" Kost mit hohem Gesundheitspotenzial, sondern auch einen hohen Genuss, der weitab von Crudités und Salatbars auch absolute Gourmets befriedigen wird.

Unser oberstes Gebot ist dabei immer der reine, unverfälschte Geschmack, den wir hier optimal in Einklang mit dem Vitamingehalt bringen. So kommen Techniken wie kaltes Garen unter Vakuum, der Einsatz von Pacojet, Espuma-Flaschen und moderne Entsafter zum Einsatz. Auch das warme Marinieren bestimmter Lebensmittel ermöglicht maximalen Geschmack bei vollem Vitaminerhalt. Das Dehydrieren (Trocknen) von Lebensmitteln gehört ebenso zum Spektrum der angewandten Techniken wie die Veränderung von Textur, Optik und Geschmack durch Fermentation, enzymatische Behandlung oder osmotische Veränderung der Strukturen durch Zugaben von Salz oder Zucker. Der Einsatz von guten, natürlichen und geschmacklich perfekten Lebensmitteln ist bei dieser Art der Zubereitung immens wichtig. Rohe Produkte benötigen einen sehr guten Eigengeschmack und sollten idealerweise direkt vom Erzeuger bezogen werden. Das Hauptaugenmerk liegt dabei immer auf der Qualität des Produktes.

Alle Arten der Zubereitung wurden von Hubertus Tzschirner kulinarisch umgesetzt, von Thomas Vilgis wissenschaftlich begleitet und von Daniel Esswein fotografisch in Szene gesetzt. Wir alle hatten dabei ein Ziel im Sinn: höchster Genuss, der nicht nur optisch begeistert, sondern auch maximalen Anspruch an die Zubereitung setzt.

Hubertus Tzschirner   Thomas Vilgis

Hinweise und Tipps zur Verwendung dieses Buches

VERWENDETES EQUIPMENT

- Aufschnittmaschine
- Dehydrator
- Entsafter mit Schnecke für Blattgrün
- Espuma-/iSi-Flaschen
- Pakojet

- Rauchpfeiffe
- Thermalisierer/Wasserbad
- Thermomix
- Kammervakuumierer
- Vegetable slicer

In den meisten Rezepten in diesem Buch werden Produkte kalt oder warm unter Vakuum mariniert. Es lassen sich aber auch gute Ergebnisse ohne die Verwendung einer Kammervakuummaschine erzielen. Allerdings ist dies nur der halbe Spaß, da sich durch diese Art der Zubereitung Optik, Geschmack und Farbe erlebbar frisch und knackig verändern und somit ein völlig neues Genussbild öffnen.

Die Verwendung des Pacojets ist ebenfalls bei einigen Rezepten erforderlich bzw. empfohlen. Allerdings können Sie diese Zubereitungen auch in einem Thermomix oder anderen Mixern realisieren, dabei erhitzen sich allerdings die herzustellenden Produkte und entsprechen nicht mehr unbedingt dem Rohgedanken. Die verschiedenen Eisvarianten in diesem Buch können auch mit einer Eismaschine hergestellt werden, dazu sollten allerdings die Grundzutaten vorab sehr fein püriert werden, denn dabei kann ebenfalls eine Temperaturerhöhung durch die entstehende Reibung den Rohgedanken zerstören.

Es liegt letztlich bei Ihnen, welchen Hersteller Sie bei der Auswahl des benötigten Equipments bevorzugen, in diesem Buch sind lediglich die mir vertrauten Hersteller genannt.

Nicht alles was dampft ist gar …

Roh – viel mehr als nur nicht gekocht

Eine konsequente Rohkost erfordert eine strenge Lebensweise mit starken Überzeugungen. Hartnäckig können sich gerade auf Seiten eingefleischter Gourmets daher Vorurteile wie „Rohköstler werden nicht älter, sie sehen nur älter aus" halten. Der Gesundheitsaspekt einer rohen und unveränderten Nahrung wird von puristischen Rohköstlern hoch angesiedelt, wenngleich der Nutzen aus wissenschaftlicher Sicht kaum überzeugt. Leider schwingen in vielen in Ernährungsweisen viel zu oft Ideologien mit, und so wird die Fahne von den zerstörten Vitaminen und totgekochten Lebensmitteln auf Seiten der Rohköstler hoch gehalten. Auf der Gegenseite stehen die Verfechter des Gekochten, Gebratenen und Gesottenen. Ihr stärkstes Argument ist die Sicherheit: Bakterien und Keime werden ab einer Temperatur von 65°C definitiv unschädlich gemacht. Außerdem seien gekochte Lebensmittel leichter verdaulich, was eine bessere Aufnahme von Nährstoffen zur Folge hätte.

Genießer kümmern sich um solche Geschichten wenig. Ob ein roher Apfel in dünnen Scheiben gereicht oder zu Püree verarbeitet wurde: Im Mittelpunkt des Genusses steht immer die Einordnung des Produktes in das Zusammenspiel sämtlicher Komponenten auf dem Teller und das Spiel mit den Wahrnehmungen. In diesem Sinne erhält „roh" eine neue kulinarische Funktion, der kulinarischen Komplexität wird eine neue Seite zugewiesen. Hauchdünne rohe Kartoffelscheiben versteht mancher Gemüsekoch der Avantgarde als ein texturbrechendes Element, und sicherlich wird niemand an einer solchen Scheibe sterben, sollte jetzt der ein oder andere Aufschrei ergehen.

„Roh" muss daher einen neuen Stellenwert, eine neue kulinarische Definition bekommen. Natürlich gibt es einige Lebensmittel, die sich ohne thermische Veränderung für die Rohkost nicht eignen, z.B. Getreide oder Hülsenfrüchte, aber als wenige sehr dünne Ringe oder Scheibchen einer rohen Kartoffel, möglicherweise mariniert oder fermentiert, können sie einen exzellenten Charakter auf den Teller bringen.

Dieses Buch soll sich daher ideologiefrei dem Thema rohe Lebensmittel widmen. Alles was „roh" oder „pseudoroh" verzehrbar ist, kommt auf die Teller. Natürlich wird vor Fleisch und Fisch nicht halt gemacht, wie auch nicht vor Pilzen, Sprossen oder Gräsern. Das Einzige, von dem man sich bei der Entdeckung neuer Formen der Lebensmittel leiten lassen darf, ist der Geschmack, der kulinarische Sachverstand und natürlich ein gutes Basiswissen über Lebensmittel und Zubereitungstechniken unter der im Grunde unklaren Grenze von 42°C. Obwohl wir, wenn es Moleküle und Biologie erfordern bzw. erlauben, schon mal diese Temperatur übersteigen müssen und so aus „roh" eben „pseudoroh" wird. Neues Wissen und neue Erkenntnisse erlauben vielfältige Möglichkeiten. Dann erst wird roh so richtig spannend!

Roh in Ethnologie und Kulturwissenschaft

Rohe Produkte waren zu Beginn der Menschheitsgeschichte die einzig verfügbare Nahrung, vor allem Beeren, Obst oder Wurzeln, also Rohkost im besten Sinne, aber auch frische, nicht verweste, rohe Teile von Tierkadavern. Die zur Verfügung stehende Nahrung wurde so verzehrt, wie die Natur sie bereitstellte. Das menschliche Gebiss und die Kaumuskulatur, wie auch der Magen-Darm-Trakt, waren in dieser Zeit natürlich auf die Art der Ernährung ausgerichtet.

Ein entscheidender Punkt in der Ernährung des Frühmenschen und dessen Evolution war das Nutzbarmachen des Feuers – definitiv der Beginn einer neuen Ära des Essens und der Ernährung. Fleisch konnte nun über dem Feuer gegart, gegrillt und geräuchert werden. Ein neuer, bis dahin unbekannter Geschmack prägte das Essen. Essen konnte damit auch haltbar gemacht werden, auch durch die Technik des Räucherns, eine sehr frühe Form der „Lebensmitteltechnologie". Auch das soziale Verhalten bekam durch das gemeinsame Essen am Feuer einen ganz anderen Stellenwert. Dem Essen wurde neben der reinen Nahrungsaufnahme eine kommunikative Funktion zuteil.

DOCH WAS BEDEUTET ROH?

Eine Definition scheint zunächst ganz einfach: Es handelt sich um Lebensmittel, die nicht gekocht werden. Ganz so einfach ist es allerdings nicht. Temperaturen zwischen biologisch verträglichen 0°C (Frostgrenze) und 40°C (tropische Temperaturen) sowie der Faktor Zeit lassen auch ohne hohe Erhitzung Lebensmittelveränderung zu. Jedes Lebensmittel, das für längere Zeit sich selbst überlassen wird, „verrottet". Was sich sehr essensfern anhört, ist, sofern der Verrottungsprozess kontrolliert abläuft, hochwillkommen: Vergorene Lebensmittel, durch Schimmel veredelte oder gereifte Milchprodukte sowie fermentiertes Gemüse fügen sich in die dem Menschen zur Verfügung stehende Lebensmittelpalette unproblematisch ein. Ganz so einfach ist die Definition von „roh" also nicht.

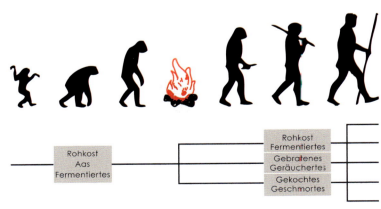

↙ Abb. 1 // *Die Nutzbarmachung des Feuers definierte neue Kochtechniken. Heute ist die Lebensmittelzubereitung stark verzweigt.*

Allerdings erhebt sich die Frage: Sind fermentierte Lebensmittel „roh"? Ja, solange sie ohne Hitzeeinwirkung hergestellt werden und ohne vorheriges Erhitzen genossen werden können. Bei milchsauer vergorenem Joghurt, Kimchi oder Sauerkraut wird sich niemand weigern, diese Produkte roh zu verzehren. Allerdings hat das fermentierte Sauerkraut weder geschmacklich noch hinsichtlich seiner Textur etwas mit dem Ursprungsprodukt Weißkohl gemein.

DAS KULINARISCHE DREIECK

Für den Ethnologen Claude Lévy-Strauss waren diese Überlegungen die Grundlage der Konstruktion seines „kulinarischen Dreiecks". Die Natur bietet unveränderte rohe Lebensmittel. Unter natürlichen Bedingungen verrotten (verfaulen) diese. Kulturelle Handlungen stellen aus rohen Lebensmitteln etwas „Gekochtes" her. Es handelt sich also um die Überlagerung der Lebensmittelzustände „roh", „gekocht" und „verrottet" und den damit verbundenen Übergang von Natur zur Kultur.

Nur der Mensch vollbringt diese Art der gezielten Lebensmittelveränderung. Menschen definieren sich damit als kulturelle Wesen. Kochen und die damit verbundene Lebensmittelzubereitung werden so zu Eckpfeilern kultureller Strukturen.

Das kulinarische Dreieck ist somit der bestechende Versuch, den Übergang von Natur zu Kultur, von roh zu gekocht, zu veranschaulichen, samt ihrer Grenzen und Überschneidungen. Lévy-Strauss geht noch weiter, er versucht, die verschiedenen Kochtechniken einzuordnen, und arbeitet drei Grundmethoden heraus: Beim Braten oder Grillen wird das Gargut direkt über der Hitzequelle gegart. Dieser Zustand entspricht am ehesten noch dem Rohen, da das Lebensmittel nur teilweise gegart wird. Gekocht wird in einem Topf mit direktem Wasserkontakt, das Lebensmittel verändert sich stark. Dieser Zustand kommt gemäß Lévy-Strauss eher dem Verrotteten nahe. Beim langen Räuchern hingegen ist das Medium zwar lediglich Rauch (und damit nichts anderem als Luft) ausgesetzt, allerdings gart durch den langen Prozess das Lebensmittel quasi vollständig.

Diese Einteilung kann jedoch nur grob funktionieren, und oft lassen sich für bestimmte Lebens- und Kulturformen Widersprüche dazu finden. Auch reichen die aus kulturwissenschaftlicher Sicht zwar richtigen, aber unvollständigen Beschreibungen nicht aus, um die Kulturhandlung Kochen – oder allgemeiner: Lebensmittelzubereitung – zu klassifizieren. So wird beispielsweise vorgeschlagen, dass schon das Waschen oder Zubereiten mit Essig und Öl eines frischen rohen Blattsalats als kulturelle Kochhandlung zu betrachten ist. Dies wäre aber für den reinen Rohköstler, der lediglich die Temperatur und Frische im Blick hat, bereits ein Widerspruch.

Der Schritt aus diesem kulturwissenschaftlichen Dilemma ist die Erweiterung des Begriffs „roh" im Sinne von „roh verarbeitet", wobei verarbeitet z.B. waschen, schneiden, stifteln meint. Dazu müssen die kulturellen Eckpfeiler mit messbaren, klaren naturwissenschaftlichen Gegebenheiten unterlegt werden, um roh neu zu definieren.

↑ *Abb. 2 // Das kulinarische Dreieck nach Claude Lévy-Strauss.*

Wirklich roh, und damit unverarbeitet, werden z.B. Austern verzehrt, die nach dem Öffnen der Schale noch leben (wenn sie nicht mit Zitronensaft oder diversen anderen sauer zubereiteten Marinaden begossen werden), oder René Redzepis lebende Ameisen, die als „Lebendgewürz" in diversen Gerichten in seinem Kopenhagener Restaurant „Noma" eingesetzt werden.

ROH – FERMENTIERT – GAR: DIE BASISZUSTÄNDE DES KOCHENS

Der Grundgedanke einer physikalisch-chemischen Interpretation ist, die Eckpunkte „roh", „gar" und „fermentiert" mit konkreten Zuständen zu verbinden, die wiederum mit dem kulturellen Umgang der Lebensmittel verknüpft sind. Die ethnologische Interpretation des kulinarischen Dreiecks wird also um eine physikalisch-chemische und universelle Ebene ergänzt.

Mit „roh" werden daher ausschließlich Lebensmittel beschrieben, die noch intakte, unveränderte Molekularstrukturen aufweisen. Also biophysikalische Strukturen, die unmittelbar nach der Ernte oder bei Tieren direkt nach dem Schlachten angetroffen werden.

„Fermentiert" sind alle Lebensmittel, deren Veränderung unter Einwirkung von Mikroorganismen vonstattenging. Mit „verrottet" beschreibt Lévy-Strauss natürliche Zersetzungsprozesse, wenn Lebensmittel sich selbst überlassen werden. Derartige Prozesse sind mit einem Umbau auf mikrobiologischer Ebene, also durch Mikroorganismen oder Enzyme, verbunden. Dazu gehört z.B. die Milchsäuregärung, wohlbekannt bei Produkten wie Joghurt, Kefir, Sauerkraut, aber auch Käse (selbst bei Frischkäse, da dieser aus Rohmilch mittels Enzymen gewonnen wird). Bei lang gereiften Käsen ist der „Verrottungsprozess" durch Lagerung noch weiter fortgeschritten, da Proteine und Fette teilweise in Bruchstücke zerfallen sind, die zum Duft und Geschmack maßgeblich beitragen. Fermentation erfordert damit die Faktoren „Mikrobiologie" und „Zeit".

Wird ein Lebensmittel durch Temperatur- oder Säureeinwirkung strukturell signifikant verändert, wird es als „gar" definiert. Die Veränderung der Strukturen ist auf molekulare, aber physikalische Prozesse zurückzuführen. Proteine und Kohlenhydrate geraten außer Form, Fette schmelzen, Wasser verdampft.

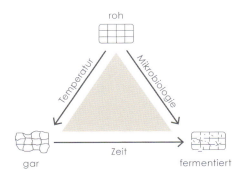

↑ Abb. 3 // *Schematische Darstellung des kulinarischen Dreiecks aus molekularer Sicht.*

THEORIE

Roh und Molekülstruktur

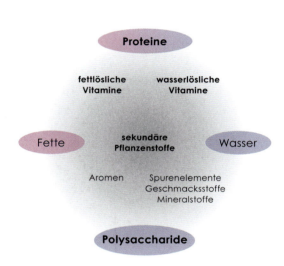

↑ *Abb. 4 // Die wichtigsten Molekülklassen, die Aufbau, Beschaffenheit und Nährwert eines Lebensmittels definieren. Nur die fettgedruckten Bestandteile verändern sich signifikant zwischen 20 °C und 100 °C.*

MOLEKÜLE

Lebensmittel bestehen aus einer Vielzahl verschiedener Moleküle, die alle unterschiedlich und mehr oder weniger stark auf Temperatur oder Lagerung reagieren. Das Verhältnis dieser molekularen Bestandteile definiert im Groben die Struktur und die Eigenschaften von Lebensmitteln und somit auch Textur und Mundgefühl sowie Aromen und Geschmack.

Eine umfassendere und weitergehende Definition des Begriffs „roh" muss dem Grad der molekularen Veränderungen Rechnung tragen. Der schiere Blick auf Vitamine und gesundheitsfördernde Inhaltsstoffe reicht nicht aus, um den Anforderungen der Gourmets, den modernen Kochtechniken und der neuen wissenschaftlichen Datenlage zu genügen.

In den Ernährungswissenschaften unterscheidet man zwischen Makro- und Mikronährstoffen. Unter Makronährstoffen versteht man alle Inhaltsstoffe, die mit einer Energieaufnahme (Kalorienzufuhr) verbunden sind, also Proteine, Fette und Kohlenhydrate. Mikronährstoffe dagegen dienen nicht der Kalorienzufuhr, ermöglichen aber biologische und biofunktionale Prozesse im Körper. Dazu gehören Vitamine, Mineralstoffe, Spurenelemente und – streng genommen – auch Wasser.

MAKRONÄHRSTOFFE UND BALLASTSTOFFE: STRUKTUR UND MUNDGEFÜHL

Jedes Lebensmittel besteht aus Wasser, Fett, Proteinen und Kohlenhydraten. Da Fett und Wasser sich nicht mischen, kommt noch eine Vielzahl an natürlichen Emulgatoren wie Phospholipide (z. B. Lecithin) hinzu.

Proteinreiche Lebensmittel wie Eier, Fleisch oder Fisch enthalten einen hohen Anteil an globulären Proteinen Muskelprotein, Bindegewebsprotein und, je nach Gattung, Fett sowie 60–80 Prozent Wasser. Polysaccharide sind in Membranproteinen als Glycoproteine gebunden. Die Konsistenz beispielsweise einer Lende, eines Fischfilets oder eines Krustentiers wird vor allem durch die Strukturproteine der Muskeln und den Wassergehalt bestimmt und ist maßgeblich für den Biss und das Mundgefühl eines Carpaccios, Sushis oder von rohem Meeresgetier verantwortlich.

Gemüse weist einen weit geringeren Proteinanteil auf. Dafür dominieren Zellmaterialien (unlösliche und lösliche Ballaststoffe) wie Cellulose, Hemicellulosen oder Pektin (ebenso in Früchten und Kräutern) sowie Carrageenan, Alginat oder Agarose in Algen oder anderen Meerespflanzen. Der hohe Wassergehalt von oft über 90 Prozent und die straffe Spannung der Pflanzenzellen, erzeugt durch den hohen Druck des sich in den Zellen befindlichen Wassers (Zelldruck/Turgor), bestimmen auch hier das Mundgefühl, das beim Kauen als knackig empfunden wird.

„Roh" wird also mit ganz bestimmten subjektiv empfundenen Eigenschaften im Mund verbunden. Beim Erwärmen (oder unter Säuern) ändern sich Textur und somit das Mundgefühl. Der empfundene Wechsel von „roh" zu „gar" wird dabei über molekulare Veränderungen bei diesen Strukturmolekülen erreicht – Proteine denaturieren, Zellmaterial „erschlafft".

MIKRONÄHRSTOFFE: GESCHMACK UND AROMA

Mikronährstoffe sind kleine Moleküle oder Ionen (d.h. elektrisch geladene Molekülteile oder Atome), die keinen Beitrag zu der Energieaufnahme leisten. Sie sind im Vergleich der strukturgebenden Moleküle klein. Dazu gehören Vitamine, aber auch Mineralien und Spurenelemente. Vitamine verändern sich unterschiedlich unter Temperaturerhöhung. Dies wir in einem extra Kapitel genauer dargelegt.

Mineralstoffe (meist Salze, daher Ionen) oder Spurenelemente (meist Metalle) zeigen bei Temperaturerhöhung unter 100 °C keine nennenswerten chemischen oder physikalischen Veränderungen. Allerdings bestimmen Mineralien, besonders Magnesium oder Kalzium, den Geschmack von manchen Lebensmitteln.

Geschmacksnuancen und das Aroma von Lebensmitteln werden ebenfalls durch Moleküle, unter anderem durch Mikronährstoffe, bestimmt. Diese Bestandteile sind in der Erhitzung zumindest bis 100 °C meistens unkritisch. Über 120 °C beginnen dann Röstprozesse, die geschmacklich erwünscht sind. Zucker und auch Polyphenole reagieren mit anderen Molekülen zu neuen chemischen Verbindungen, zu denen auch alle Maillardprodukte zählen. Diese Bräunungsstoffe lassen sich allerdings auch mit bestimmten Kochtechniken weitgehend rohen Produkten zufügen, etwa mit einem kurzen Abflämmen der Oberfläche mit Gasbrennern. Wenn etwa Rettiche, Karotten oder Pastinaken kurz mit einem Brenner punktuell an der Oberfläche praktisch geröstet werden, sind diese Aromen auf rohem Gemüse präsent, ohne dass das Produkt gegart wurde, denn in der kurzen Zeit des Anbrennens dringt die Wärme kaum in die wasserreichen Gemüse ein.

„Roh" und molekulare Veränderungen

Eine umfassendere Definition des Begriffs „roh" muss dem Grad der molekularen Veränderungen Rechnung tragen. Der schiere Blick auf Vitamine und „gesundheitsfördernde Inhaltsstoffe" reicht nicht aus, um roh neu zu definieren. Da molekulare Veränderungen auch durch Säuren oder Beizen ausgelöst werden, reicht es auch nicht, lediglich auf die Temperaturerhöhung zu schauen.

PROTEINREICHE LEBENSMITTEL: FLEISCH UND FISCH

Tierische Lebensmittel werden in vielen Kulturen roh verzehrt – z.B. Tatar oder Mett in den nordischen Ländern, Carpaccio in den mediterranen Regionen oder Sushi bzw. Sashimi in Asien.

Werden Verarbeitungsprozesse unter 42°C wie das Beizen, Marinieren und Fermentieren zugelassen, lässt sich die Reihe fortführen: Ceviche, gebeizter Lachs, angemachter Tatar und Carpaccio, Rohschinken und Rohwürste sowie Rohmilchkäse.

PROTEINE

Proteine sorgen für die vielfältigen Strukturen und Texturen von Lebensmitteln, die allein durch die Löslichkeitseigenschaften und die Umgebung, in der sich die Proteine befinden, bestimmt werden. Beim Rohverzehr von tierischen Lebensmitteln stehen Proteine im Vordergrund. Proteine sind mit die wichtigsten Moleküle in der Biologie überhaupt. Sie ermöglichen es, Leben und Lebensvorgänge auf molekularen Skalen im Detail zu steuern. Auch weisen Proteine eine äußerst große Vielfalt auf. Jedes einzelne Protein, das sich während der Evolution herausbilden konnte, hat eine eindeutige biologische Funktion. Proteine bestehen aus Hunderten Bausteinen, den Aminosäuren. Dabei stehen zum Aufbau jedes Proteins „nur" 20 Aminosäuren zur Verfügung. Allerdings unterscheiden sich diese unterschiedlich stark voneinander, und je nachdem wie diese einzelnen Bausteine aneinandergereiht werden, lassen sich die unterschiedlichsten Moleküle formen, ein wenig wie das Alphabet. Es gibt lediglich 26 Buchstaben in der deutschen Sprache, daraus lassen sich allerdings unendlich viele Sätze, Erzählungen und Romane schreiben. Aminosäuren sind daher die „Buchstaben", Proteine die „ganzen Sätze". Einige Aminosäuren können nicht im Syntheselabor der Zellen selbst hergestellt werden. Diese „essenziellen" Aminosäuren müssen daher über Lebensmittel zugeführt werden.

Auffallend viele essentielle Aminosäuren sind wasserunlöslich. Dies ist kein Zufall, denn die tierischen (und damit auch menschlichen) Chemiefabriken in den Zellen funktionieren vorwiegend auf Wasserbasis, daher können die meisten wasserlösliche Aminosäuren körpereigen hergestellt werden – im Gegensatz zu den wasserunlöslichen.

DIE AMINOSÄUREN UND IHRE GRUNDEIGENSCHAFTEN

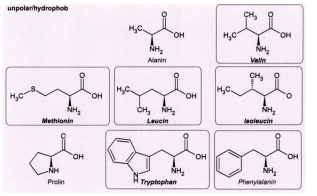
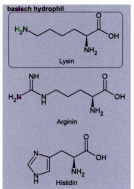
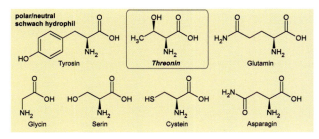
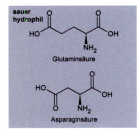

← *Abb. 5 //* Blassrosa = kaum oder gar nicht wasserlöslich; gelb = bedingt wasserlöslich; blau = gut wasserlöslich; [Abbildung eines Rahmens] = essenziell

Name	Abkürzung	essenziell nicht/semi	Tagesdosis mg/kg	Mittleres Vorkommen in Proteinen
Alanin	Ala	NE		9,0 %
Arginin	Arg	SE		4,7 %
Asparagin	Asn	NE		4,4 %
Asparaginsäure	Asp	NE		5,5 %
Cystein	Cys	NE		2,8 %
Glutamin	Gln	NE		3,9 %
Glutaminsäure	Glu	NE		6,2 %
Glycin	Gly	NE		7,5 %
Histidin	His	SE		2,1 %
Isoleucin	Ile	E	20	4,6 %
Leucin	Leu	E	39	4,5 %
Lysin	Lys	E	30	7,0 %
Methionin	Met	E	15	1,7 %
Phenylalanin	Phe	E	25	3,5 %
Prolin	Pro	NE		4,6 %
Serin	Ser	NE		7,1 %
Threonin	Thr	E	15	6,0 %
Tryptophan	Trp	E	4	1,1 %
Tyrosin	Tyr	NE		3,5 %
Valin	Val	E	26	6,9 %

← *Tabelle //* Aminosäuren und ihr mittleres Vorkommen in Nahrungsmittelproteinen

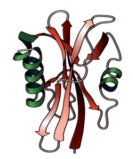
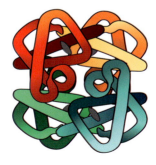

↑ *Abb. 6 // Der grundsätzliche Strukturaufbau von Proteinen, die finale Form bestimmt die Funktion der Proteine.*

PROTEINSTRUKTUREN

Nicht nur die Anzahl der Aminosäuren zeichnet die Proteine aus, sondern auch die Anordnung im Raum. Erst mit einer bestimmten räumlichen Struktur können die Proteine spezifische Funktionen übernehmen. Die sogenannte Primärstruktur ist die Abfolge der Aminosäuren, also die genetisch festgelegte Sequenz. Die Sekundärstruktur beschreibt die Anordnung im Raum, die über Wasserstoffbrückenbildung erfolgt. Es handelt sich quasi um eine platzsparende Anordnung der Primärstruktur, entweder als Alpha-Helix oder Faltblattstruktur (z. B. bei Seide), mit unterschiedlichen Fähigkeiten, Wasser zu binden.

Durch weitere Faltung bzw. Anordnung im Raum entstehen in der Tertiärstruktur aus der Alpha-Helix oder der Faltblattstruktur kompakte Proteinmoleküle (wie etwa Hämoglobin aus vier Einzelmolekülen, siehe Abb. 6 unten). Lagern sich mehrere dieser Untereinheiten zusammen, bezeichnet man diese Struktur als Quartärstruktur. Hämoglobin ist z. B. für die Fließeigenschaften im Blut des Sauerstofftransports, die Gelierung der Blutwürste sowie für Verdickung von blutgebundenen Saucen in Civets und der legendären Sauce Rouennaise verantwortlich. Aber auch die langen faserförmigen Quartärstrukturen, wie sie in den Muskelfasern zu finden sind, beeinflussen Lebensmittelzubereitung und -verzehr, wie z. B. beim Rohessen (Carpaccio oder roher Fisch bei Sushi).

Bei proteinreichen Lebensmitteln wie Fleisch ist die herkömmliche Definition von roh ausschließlich an die Proteinveränderung gekoppelt. Die Proteine dürfen ihre ursprüngliche Gestalt nicht verändern. Jedes Kochen ist mit einer Veränderung der Proteingestalt verbunden: Fleisch verändert seine Textur, ein rohes Ei wird fest. So einfach es klingt, so kompliziert ist es, denn jede Proteinsorte hat ihre eigene Gartemperatur. Beim Ei sind erst bei 82 °C alle temperaturempfindlichen Proteine geronnen. Bei tieferen Temperaturen kann durch den Koch gewählt werden, welche der Proteine gerinnen sollen, wenn etwa bei 63–68 °C die Cremigkeit des Dotters im „Onsen-Ei-Bereich" (siehe Randspalte) angesteuert werden kann. Die verschiedenen Zustände des Eis zeigen daher, dass die Garung bei Temperaturen unter 82 °C eine ganze Reihe Mischzustände erzeugt: Manche Proteine sind noch nicht denaturiert, während andere bereits für Strukturänderungen sorgen. Ähnlich ist es bei Fleisch oder Fisch. Ist der auf 39 °C erwärmte Lachs roh, halbgar oder gar? Im Sinne der Standarddefinition „unter 42 °C" wäre dieser noch roh, aber stimmt das wirklich?

ANFORDERUNGEN FÜR DEN ROHVERZEHR

Fisch und Fleisch sind proteinreiche Lebensmittel, sie enthalten einen hohen Anteil an Wasser und je nach Art, Rasse und Schnitt einen mehr oder weniger hohen Fettanteil sowie eine Vielzahl an Proteinen. Beim Fleisch zeigt die Erfahrung: Nur Fleischarten mit einem geringen Anteil an Bindegewebe lassen sich roh genussvoll verzehren. Ebenso müssen die Portionen so geschnitten werden, dass sie der Bisskraft ohne Weiteres nachgeben: quer zur Faser, nicht zu dick und bei Fisch in mundgerechten Portionen. Aus diesen empirischen Regeln ergibt sich eine ganze Reihe molekularer Anforderungen für den Rohverzehr von Muskelfleisch.

Muskeln sind hierarchisch aufgebaut. Der sichtbare Muskel in der Größenordnung von mehreren Zentimetern, etwa eine Rinderlende, besteht bei genauerem Hinsehen aus langen Faserbündeln, mit einem Durchmesser von 1–2 Millimetern. Diese wiederum sind aus vielen einzelnen Muskelfasern zusammengesetzt. Deren Durchmesser beträgt etwa 10–100 Mikrometer. Auch diese Muskelfaser besteht aus kleinen faserförmigen Gebilden, den sogenannten Myofibrillen, deren Durchmesser bei etwa 1 µm liegt. Diese Faserstrukturen sind stets mit einer sehr dünnen Schicht aus dem Bindegewebsprotein Kollagen ummantelt. Erst innerhalb der Myofibrillen (mit Emulgatoren umhüllte Muskelzellen) zeigen sich die Proteine, die beim Garen denaturieren und damit ihre Gestalt und die Textur ändern und somit den Übergang zwischen roh und gekocht andeuten.

Myofibrillen setzen sich aus Sarkomeren zusammen, die wiederum aus den Muskelproteinen Aktin und Myosin gebildet werden. Deren Ineinandergreifen ermöglicht die Muskelbewegung und ergibt den wesentlichen Beitrag zur Textur des Fleisches auf molekularer Skala. Dabei besteht das Aktin aus kugelförmigen (globulären) Proteinen, die sich zu einer Perlschnur (dem fibrillären Aktin) aggregieren. Zwei dieser Perlschnüre verschrauben sich helixartig. An jede dieser Helices kann sich das Myosin mit seinem Köpfchen für kurze Zeit binden und den Aktinstrang verschieben. Der Muskel hat sich bewegt. Die Köpfchen sind selbst wieder ganz speziell gefaltete Proteine, die wiederum an einer helixartig verwundenen Perlschnur aus Proteinen hängen. Kompliziert, aber trickreich von der Natur gelöst.

Die Struktur und das Zusammenwirken der Muskelproteine sind bei allen Lebewesen praktisch gleich aufgebaut. Sie unterscheiden sich dabei in unwesentlichen Details, die durch die Lebensweise der Tiere gegeben sind, etwa ihrer Lebendtemperatur oder ihren Bewegungsabläufen. Muskeln und Bindegewebe sind z. B. bei Landtieren, die ihr ganzes Gewicht tragen müssen, weit stärker ausgeprägt als bei Fischen, die zum Fortbewegen auch den Auftrieb des Wassers nutzen und daher nicht ihr ganzes Gewicht tragen müssen. Daher gibt es zwischen Fisch und Fleisch kleine und feine Unterschiede beim rohen Verzehr (und Kochen).

Onsen-Eier (Onsen Tamago) stammen aus Japan. Dort wurden Eier traditionell in heißen Quellen („onsen" genannt) gegart. Das Wasser der Quellen ist zwischen 60 °C und 70 °C warm, daher werden dabei im Vergleich zum Kochen besondere Texturen des Eigelbs erreicht. Wird ein Eigelb über 1 Stunde oder mehr bei 65 °C gegart, bleibt der Dotter sehr cremig und von leicht streichbarer Textur. Garzeiten von Eiern zwischen 62 °C und 68 °C werden daher auch im deutschen Sprachraum „Onsen-Eier" genannt. In den heißen schwefelreichen Quellen Japans werden die Eier zusätzlich aromatisiert. Hierzulande kann man mit Schwefelsalz (Kala Namak) etwas nachhelfen.

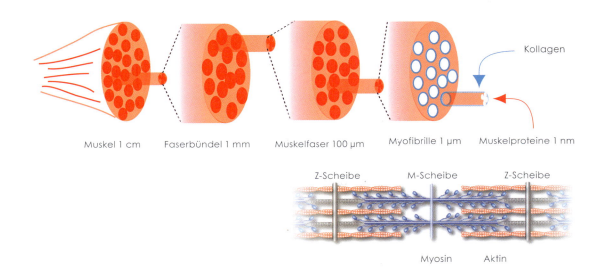

↙ Abb. 7 // *Hierarchie im Aufbau des Muskelfleischs. Entscheidend für „roh" oder „gar" ist die Nanoskala, wenn einzelne Proteine „sichtbar" werden (unten).*

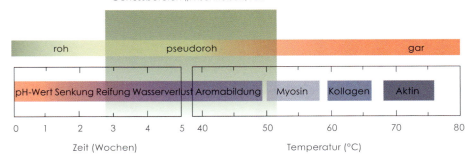

PSEUDOROH

Wird heutzutage vom Verzehr von rohem Fleisch gesprochen, ist stets eine ganze Reihe Verarbeitungsprozesse vorgeschaltet. Das Nutztier wird geschlachtet, Wild gejagt und geschossen. Nach dem Ausbluten lässt man das Fleisch reifen. Bei all diesen Schritten verändert sich das Fleisch. Die Totenstarre wird aufgelöst. Durch das entsprechend lange Reifen im Kühlhaus bilden sich Aromen, Fleischsäfte verdampfen, der pH-Wert sinkt, Aromen bilden und intensivieren sich. Die komplizierten Fermentationsprozesse der Reifung finden statt, ebenso verändern die in dem Sarkoplasma vorhandenen tiereigenen Enzyme die harte Muskelstruktur. Das schiere Muskelfleisch (etwa aus der Lende oder dem Rücken) wird zart und schmackhaft und eignet sich jetzt für den rohen Verzehr, etwa als sehr dünn geschnittene Scheiben. Wegen der vielen Verarbeitungsprozesse und enzymatischen Veränderungen auf molekularer Skala spricht man präziser von „pseudoroh".

Der Genuss für pseudorohes Fleisch beginnt daher erst nach einer gewissen Reifezeit, dem Abhängen im Kühlhaus. Aber selbst leicht erwärmt, um den Geschmack zu betonen, etwa unter einem 40 °C warmen Pass oder unter Wärmelampen, verändert Fleisch seine Struktur nicht. Als erstes Protein des schieren Muskels denaturiert stets Myosin. Bei Rind- oder Lammfleisch, den beiden wichtigsten Kandidaten für den Rohverzehr als Tatar oder Carpaccio, beginnt Myosin je nach Fleischreifung und pH-Wert zwischen 48 und 52 °C seine Struktur zu verändern. Kollagen und Aktin bleiben bei diesen Temperaturen noch vollkommen unverändert. Allerdings verändert das Fleisch in diesem Temperaturbereich bereits seinen „Biss". Es wird gelartiger, noch etwas zarter und sehr angenehm zu essen. Die leichte Texturveränderung geht noch ohne temperaturbedingten Wasserverlust einher, dieses und das damit verbundene Schrumpfen des Fleisches beginnen erst mit der Denaturierung von Kollagen etwa ab 58 °C. Die Änderung der Fleischfarbe bei 56–58 °C liegt nicht mehr im pseudorohen Bereich. Die Vitamine im Fleisch sind nicht bzw. nur wenig temperaturempfindlich, daher kann auch der Bereich bis zu 52 °C noch zu dem Genussbereich „pseudoroh" hinzugefügt werden.

QUER ODER LÄNGS DER FASER?

Die wohlbekannte Regel, Fleisch besser quer zur Faser zu schneiden, erweist sich vor allem bei rohem Genuss als besonders zweckmäßig. Die langen, faserförmig zusammengesetzten Muskelzellen geben dem Fleisch eine starke Anisotropie. Unter dem Begriff „Anisotropie" versteht man starke unterschiedliche Eigenschaften in verschiedenen Hauptrichtungen. Fleisch ist entlang der Faser anders strukturiert als quer dazu.

Bindegewebsreiches Fleisch aus Schulter oder Bein ist kaum für den rohen oder pseudorohen Genuss geeignet.

Also sind auch die Bisseigenschaften vollkommen unterschiedlich. Für den rohen oder pseudorohen Verzehr von Fleisch ist der Schnitt entscheidend – das gilt im Übrigen für alle langfaserigen Muskelteile, auch im gegarten Zustand (wie Rücken, Lende, Oberschale, Schinken und (Schweine-)Nacken). In diesen Stücken laufen die Muskelfasern über größere Distanzen parallel. Diese Fasern sind auf höchste Zugbelastung ausgerichtet. Die Verbindungen zwischen den Zellen und die Anbindung des Aktins und Myosins an die Proteine sind daher sehr hart, bei gleichzeitiger hoher Elastizität. Dies zeigt sich auch im Mundgefühl: Lange Fasern sind schwer zu beißen und zu zerkauen.

Dies ist zwar sehr einleuchtend, aber dennoch bemerkenswert. Denn die Kräfte, die benötigt werden, das Fleisch quer zur Faser zu trennen, sind viel geringer als die zum Auseinanderreißen der Fasern selbst. Es ist daher relativ leicht, einzelne Muskelfasern abzutrennen, aber sehr schwer, diese zu zerkleinern. Sie müssten zwischen den Zähnen mühevoll gekaut werden. Das rohe Fleisch wirkt dann „trocken" und ist schwer essbar. Daher ist die strukturell bedingte Sensorik der Fleischtextur für den Schnitt schon beim Metzger von großer Bedeutung.

Diese Tatsache erklärt auch, warum Freunde des Tatars das zarte Muskelfleisch mit dem Messer würfeln und nicht wolfen. Bei Würfeln von 5–8 Millimetern werden die Fasern klein genug geschnitten, behalten aber noch ihre Form. Der Biss des pseudorohen Fleisches wird schmelzend und nicht breiig bis pastös, wie z. B. gewolftes Mett (dessen finale Textur eher durch Beigaben wie Zwiebelwürfel, Cornichons oder ähnliches aufgewertet wird). Der Fleischwolf empfiehlt sich also nur bei Fleischstücken, deren Muskelstruktur nicht eindeutig ausgerichtet ist. Daher ist auch die Schneiderichtung bei Gulasch (Schulter, Bein usw.) vollkommen egal, quer und längs der Faser hat keine Bedeutung mehr. Aber diese Stücke werden ohnehin nicht roh bzw. pseudoroh gegessen.

FISCH

Fische bewegen sich im Wasser und müssen wegen der Auftriebskräfte nicht die gesamte Last ihres Gewichts selbst tragen. Zwar sind die winzigen Muskelzellen ähnlich aufgebaut wie bei Landtieren, aber die Anordnung der Muskeln verläuft direkt vom Skelett zur Außenhaut. Fischmuskeln weisen daher lediglich zwischen den parallel verlaufenden Lamellen wenig Bindegewebe (Kollagen) auf. Daher kann Fisch direkt nach dem Töten roh verzehrt werden und muss im Gegensatz zu Rindfleisch nicht abhängen. Auch ist das Fleisch bei vielen Fischen eher weißlich. Der rote

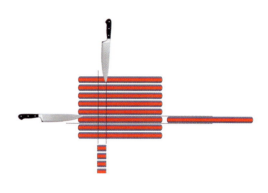

↓ Abb. 8 // *Schnitte in stark anisotropen Muskeln.*

Roher Fisch ist übrigens nicht (bzw. nur unmerklich) schlechter verdaulich als gekochter. Der pH-Wert von ca. 1 bis 2 im Magen denaturiert den Hauptanteil der Fischmuskelproteine in kurzer Zeit.

→ Abb. 9 // *Genussdiagramm von Fischen für den Rohgenuss. Fisch darf nach dem Fang und Ausnehmen nicht bzw. nur kurz reifen – im Gegensatz zu rotem Muskelfleisch (beef).*

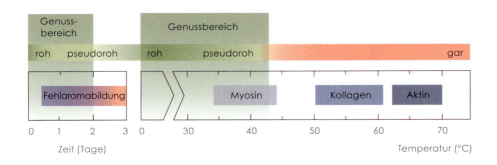

THEORIE

allergieauslösende
Aminosäurenkombination

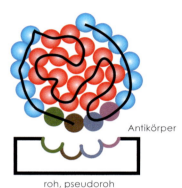

natives Protein

Antikörper

roh, pseudoroh

denaturiertes Protein

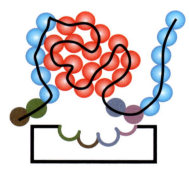

gekocht, gar

↑ *Abb. 10 // Kochen entfaltet (denaturiert) Proteine, ihre native Gestalt ändert sich. Die Allergie wird nicht mehr ausgelöst.*

Muskelfarbstoff Myoglobin, der für den Sauerstofftransport bei starker Muskelbeanspruchung notwendig ist, ist lediglich bei Fischen, die weite Stecken schwimmen, wie etwa Thunfischen, stark vorhanden – die Muskulatur wird rot.

Wegen dieser anatomischen Gegebenheiten muss Fischfleisch nicht reifen. Im Gegenteil: Schnell nach dem Töten bilden sich Fehlaromen, die häufig als unangenehm auffallen. Ein Grund hierfür sind unter anderem die größeren Mengen an mehrfach ungesättigten Fettsäuren, die leicht oxidieren und dabei Aromastoffe bilden, die für den (ranzigen, tranigen) Fischgeruch verantwortlich sind. Auch ist die Lebendtemperatur der Meeresbewohner deutlich niedriger als die der Landtiere. Daher denaturieren die Muskelproteine bei weitaus geringeren Temperaturen. Myosin beginnt bei Fischen bereits ab 33–35 °C zu denaturieren, während Kollagen je nach Fischart bei 48–50 °C den Denaturierungsprozess beginnt. Davon macht man in der Gastronomie gern Gebrauch: Viele Fische, vor allem Lachs oder Lachsforelle, werden lediglich kaum weiter als 45 °C im Sous-Vide erwärmt. Die Farbe bleibt erhalten, die Textur wird gelartiger, Wasserverlust tritt nicht auf.

ALLERGIEN

Fischeiweißallergien und andere Unverträglichkeiten können den Genuss von rohem oder nur schwach gegartem Fisch oder Meeresfrüchten unmöglich machen. Ein Grund dafür liegt im Parvalbumin, einem Protein der glatten Muskulatur vieler Fische, das bei entsprechender Disposition für Allergien verantwortlich ist. Die allergische Reaktion wird oft durch eine bestimmte Aminosäurensequenz bestimmter Formen des Parvalbumins ausgelöst, wie sie häufig in Meeresfischen vorkommen. Bei Süßwasserfischen ist diese allergieauslösende Sequenz weniger häufig anzufinden. Daher kann es durchaus sein, dass Süßwasserfische roh gut verträglich sind, Meeresfische und Meeresfrüchte aber nicht. In roter Muskulatur ist das allergieauslösende Parvalbumin weniger häufig anzutreffen, als in weißer. Daher treten in Fleisch oder Thunfisch allergische Reaktionen weit seltener auf als in weißem Fisch. Tatsächlich scheint die kritische allergieauslösende Sequenz der Aminosäuren des Parvalbumins in Thunfisch gar nicht vorhanden zu sein. Mittlerweile gibt es auch Hinweise, dass bestimmte Aminosäurensequenzen des Fischkollagens im rohen Zustand allergieauslösend sein können.

Erst das Erhitzen bringt die Fischeiweiße außer Form. In diesem Zustand lösen sie keine Allergien mehr aus. Ein Garen ab 55 °C denaturiert Parvalbumine und Fischkollagene zum Großteil, sie können dann keine Allergien mehr auslösen. Auch eine ausreichende Säuerung auf einen pH-Wert unter 5 bringt das Parvalbumin weitgehend außer Form. Der Genuss von stark gesäuertem Tatar oder Ceviche wäre also möglich, wenn die Fischstücke ausreichend dünn und klein geschnitten und entsprechend lange mariniert sind.

GEMÜSE

Der Biss in eine rohe, frisch aus der Erde gezogene Karotte, eine leuchtend rote Paprikaschote, kleine Röschen eines Blumenkohls – Genüsse, die sich seit der Kindheit einbrennen. Bei vielen Gemüsesorten gibt es kaum Vorbehalte, sie roh zu verzehren, auch wenn es zunächst individuelle Grenzen gibt. Nicht alle mögen rohen Brokkoli, rohe Pastinaken oder rohe Rote Bete.

Die Vielfalt der Gemüse zeigt sich nicht nur in den verschiedenen Arten, sondern auch in den Pflanzenteilen, die zum Verzehr genutzt werden. Mitunter werden von einem Gemüse verschiedene Pflanzenteile verzehrt, wie die Blätter von Radieschen sowie ihre Wurzelknolle. Samen (Hülsenfrüchte wie Erbsen und Bohnen), Fruchtgemüse (Gurken, Paprika, Tomaten und Kürbis), Blattgemüse (Spinat, diverse Salate, Grünkohl), Blütengemüse (Brokkoli, Blumenkohl oder Artischocke), Stängelgemüse (Spargel, Chicorée), Blattstiele (Blumenkohl und Mangold), Stielgemüse (Rhabarber, Bleichsellerie oder Stielmus), Wurzelgemüse (Rote Bete, Rettiche, Sellerie, Karotten, aber auch Zwiebeln und Lauch), Kohlgemüse (Weißkohl, Spitzkohl).

ZELLSTRUKTUR

Gemüse knackt beim Essen, rohes Fleisch dagegen ist weich und zart. Schon dieser Vergleich zeigt: Gemüse und Fleisch sind vollkommen anders aufgebaut. Gemüse liegt eine ganz andere Zellstruktur zugrunde, und somit gelten andere Zubereitungsprozesse und andere Definitionen für „roh" als bei Fleisch und Fisch. Textur, Geschmack und Aroma der Gemüse leiten sich aus der biologischen Funktion des jeweiligen Pflanzenteils ab. Wurzelgemüse sind stets süßer, denn die Wurzel einer Pflanze dient als Speicherorgan und enthält viel Stärke, also Zucker. Die Blätter mit ihren Farbstoffen wie Chlorophyll und Carotinoiden „sammeln" über den Lichtsammlerkomplex des Photosyntheseapparats jeden Sonnenstrahl ein, um diese Energie zu nutzen. Diese unterschiedlichen Funktionen bringen immer andere Aromen und einen anderen Geschmack zutage. Blüten müssen sich gegen andere Fressfeinde wehren als Wurzeln. Daher produziert die Pflanze unterschiedliche Abwehrstoffe, die schmeck- und riechbar sind, weshalb zum Beispiel Rote-Bete-Blätter anders schmecken als die süßen Wurzeln. Blüten und Früchte produzieren auch lieblich duftende Lockstoffe und Säuren. Aber trotz dieser unterschiedlichen Arten, Sorten und Formen, auf der Ebene der Pflanzenzellen sind sie alle ähnlich aufgebaut, denn alles Weitere wird in den Zellen und dem Zellkern mit aller Erbinformation, der DNA, geregelt.

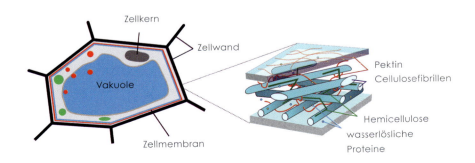

← Abb. 11 // *Schematischer Aufbau einer Pflanzenzelle.*

Vergrößert man die Zellwand, zeigt sich eine Vielzahl von Strukturelementen, wie Cellulosefasern, Hemicellulosen, Glycoproteine und Pektin. Durch dieses komplizierte Gewebe wird die Zellwand hart und widerstandsfähig (siehe Abb. 11).

Die rohe, knackige Textur wird durch den biophysikalischen Aufbau der Pflanzenzellen bestimmt. Jede Zelle ist durch eine harte Zellwand getrennt. Im Verbund ordnen sich die Pflanzenzellen zu großen Gebilden zusammen, die im Vergleich zu Muskelzellen eine weniger stark ausgeprägte Anisotropie (s. S. 22) aufweisen. In der Zelle befindet sich eine Vielzahl von funktionellen Elementen, die nicht alle eine küchentechnische Relevanz haben und daher nicht angesprochen werden. Für das Thema „roh" sind vor allem die harten Zellwände (sie gibt es bei Muskelzellen nicht), die Zellmembran, das Wasser in den Hohlräumen (Vakuolen) der Zellen wichtig, aber auch die sich in den Pflanzenzellen befindlichen Aromen, Vitamine und Farbkomplexe (Chloroplasten). Wichtig ist auch das molekularbiologische Geschehen in der Zellmembran. Dort befinden sich die meisten Enzyme, auf deren Wirken beim Rohgenuss geachtet werden muss. Diese Faktoren zusammen bestimmen die Textur, definieren den Zustand roh, die Farberhaltung und nicht zuletzt die Zubereitungs- und Verarbeitungstechniken für den Roh- und Pseudorohgenuss.

Für einen knackig rohen Genuss müssen Gemüse frisch sein. Dies bedeutet, dass die Zellwände straff gespannt sind. Dazu muss der Druck in den Pflanzenzellen (Turgor) hoch sein, also ausreichend Wasser darin vorhanden sein, wie dies frisch nach der Ernte der Fall ist. Bei welkem Salat ist Wasser aus den Zellen ausgetreten bzw. verdunstet, was kurzfristig behoben werden kann, wenn die Salatblätter in frisches, kaltes Wasser gelegt werden. Dieses bekannte Beispiel zeigt bereits, wie das Zusammenspiel der Zellwände und des Wassergehalts die Textur der Gemüse steuert.

Bei knackigem Gemüse sind die Zellwände straff, die Zellhohlräume prall mit Wasser gefüllt. Dabei ist bei frischem Gemüse der Zelldruck deutlich über dem äußeren Luftdruck von 1 bar, was auch zeigt, wie stabil Pflanzenzellwände sein müssen. Das erkennt man an der starken Wasserfreisetzung an den Schnittflächen, etwa beim Schneiden von Zwiebeln, oder beim Karottenraspeln. Die Oberflächen werden sofort feucht. Knackiges Gemüse zeichnet sich auch durch die besonderen Brucheigenschaften aus. Den hohen Kräften beim Kauen mit den Zähnen können die stark vorgespannten Zellwände nicht mehr standhalten. Sie reißen und der Riss setzt sich mit hoher Geschwindigkeit immer weiter fort. Das Gemüse bricht. Bei älterem Gemüse, etwa Karotten, die bereits weicher sind, ist die Spannung der Zellwände erheblich geringer. Die Rissausbreitung wesentlich langsamer. Das Gemüse wirkt „lätschig", sogar ein wenig gummi- oder lederartig. Auch hier zeigt sich, wie sich das molekulare Zusammenspiel auf Mundgefühl und Textur auswirkt, denn beim Bruch der Zellwand müssen alle Moleküle auseinandergerissen werden: wasserunlösliche Cellulosen, Hemicellulosen, verbindende Pektine und Glycoproteine. Dies kostet eine weit höhere Bisskraft als bei Muskelproteinen, auch wenn das Gemüse leichter (spröde) bricht und weniger elastisch wirkt.

Diese zellulären Kräfteverhältnisse wirken sich auch beim Erhitzen auf das Gemüse aus und beeinflussen damit die Definition von roh und pseudoroh. Gemüse haben eine weit höhere Gartemperatur als proteinreiche Lebensmittel. Die harte Zellwandstruktur wird erst bei viel höheren Temperaturen weich. Eine merkliche Garung von Gemüse beginnt bei 76–85°C. Also bei Temperaturen, bei denen selbst Fleisch von Geflügel übergart und trocken ist. Daraus lässt sich bereits schließen, dass der Bereich „pseudoroh" bei Gemüse zu weit höheren Temperaturen reicht als bei Fisch und Fleisch.

NÄHRSTOFFVERLUSTE

Kommt das Gemüse direkt aus dem Boden vom Acker, ist sein Zustand sicher nahe roh. Werden Verarbeitungsschritte, wie Raspeln, Parieren etc. vorgeschaltet, laufen Vorgänge ab, die der volkstümlichen Definition von roh widersprechen. Es tritt z.B. ein erheblicher Mikronährstoffverlust ein, vor allem bei der Ascorbinsäure (Vitamin C), der nur durch eine thermische Behandlung, wie Blanchieren, vermieden werden kann. Genau das, was man für den rohen Genuss ausschließen möchte.

Vitamine und Mikronährstoffe sind mehr oder weniger empfindlich gegenüber Hitze. Vitamin C allerdings erweist sich als stark instabil unter Hitze und Lagerung. Es oxidiert beim Kochen und Lagern sowie unter Licht und Sauerstoff relativ rasch. Immer wieder wird dies als Argument herangezogen, Rohkost sei gesünder. So einfach ist die Welt der Lebensmittel allerdings nicht, und an verschiedenen Stellen muss man sich von vielen Vorstellungen verabschieden, an die man nur aus Gewohnheit glaubt. Denn der Ascorbinsäureabbau hängt stark vom pH-Wert, also vom Säuregehalt des Lebensmitteln, ab. Der Abbau des Vitamins im stark sauren Bereich verlangsamt sich deutlich. Im alkalischen Bereich ebenso, dieser ist allerdings für die Kulinarik weniger, eher für lebensmitteltechnologische Prozesse relevant.

Mikronährstoff	Wasser/Fettlöslichkeit	Sauerstoff	Licht	Temperatur
Vitamin A	Fett	partiell	partiell	nein
Vitamin D	Fett	nein	nein	nein
Vitamin E	Fett	ja	ja	nein
Vitamin K	Fett	nein	ja	nein
Thiamine	Wasser	nein	nein	> 100 °C
Riboflavin	Wasser	nein	partiell	nein
Niacin	Wasser	nein	nein	nein
Biotin	schwach Wasser	nein	nein	nein
Pantothensäure	Wasser	nein	nein	ja
Folsäure	Wasser	nein	nein	> 80 °C
Vitamin B_6	Wasser	nein	ja	nein
Vitamin B_{12}	Wasser	nein	ja	nein
Vitamin C	Wasser	ja	ja	ja

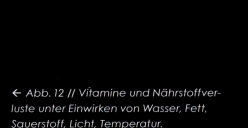

← Abb. 12 // Vitamine und Nährstoffverluste unter Einwirken von Wasser, Fett, Sauerstoff, Licht, Temperatur.

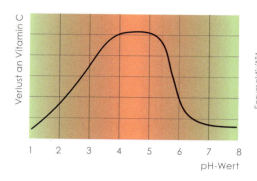
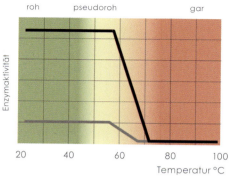

↑ Abb. 13 // *Der Abbau von Vitamin C (in Testlösungen) in Abhängigkeit vom pH-Wert*

↑ Abb. 14 // *Ein „Blanchieren" um 60 °C inaktiviert Enzyme. Der Bereich bis 70 °C wird als „pseudoroh" definiert. Die graue Kurve deutet die schwächere Enzymaktivität in den Brokkolistrünken an.*

Im Bereich der pH-Werte zwischen 4 und 5 ist der Abbau von Vitamin C (Ascorbinsäure) am höchsten. Bei tieferen pH-Werten unter 4 ist der Abbau stark verzögert, selbst beim Kochen, wie man es zum Beispiel vom Sauerkraut kennt. Im gekochten Sauerkraut befindet sich noch deutlich mehr Vitamin C als im gekochten Kohl. Diese Tatsache wird bei allen milchsäurevergorenen Produkten relevant. Bei der Fermentation mit Milchsäurebakterien werden bei Fermentationszeiten ab ca. 4 Wochen durchaus pH-Werte zwischen 3 und 4 erreicht. Auch in Früchten mit hoher Säure baut sich Vitamin C deutlich langsamer ab.

Aus diesen Fakten ergibt sich eine klare Technik für rohes Gemüse: Marinieren unter niedrigen pH-Werten erhält den Vitamin-C-Gehalt weitestgehend und fügt neue Geschmacksrichtungen hinzu.

Gemüse, wie auch Obst, wird aufgrund des mitunter hohen Vitamin-C-Gehalts ein hohes gesundheitliches Potenzial zugeschrieben. Doch die Ascorbinsäure reagiert bereits bei der Lagerung rasch zur Deshydroascorbinsäure, deren antioxidative Wirkung deutlich schwächer ist. Der Verzehr von Gemüse und Obst sollte daher nicht zu spät nach der Ernte erfolgen. Ist dies nicht möglich, ist eine Lagerung bei niedrigen Temperaturen vonnöten.

Werden rohes Gemüse und Obst geschnitten, gehackt oder mit Mixern zerkleinert, wie es für Gemüsesalate oder roh zu verzehrende Mirepoires erforderlich ist, bewirkt ein spezielles Enzym, die Ascorbinsäureoxidase, ebenfalls eine rasche Umwandlung der Ascorbinsäure zu Desyhdroascorbinsäure. Die Ascorbinsäureoxidase ist in den Wänden der Pflanzenzellen fest verankert, während sich die Ascorbinsäure im Inneren der Zellen befindet. Beim Schneiden, Quetschen oder Hacken und damit dem Zerstören der Zellwände werden die Enzyme freigesetzt und kommen mit der Ascorbinsäure in Berührung, diese oxidiert. Dies geht sehr rasch vonstatten, schon nach kürzester Zeit ist das Vitamin C zu Deshydroascorbinsäure umgewandelt.

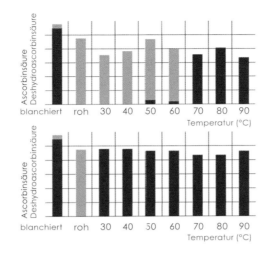
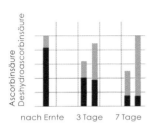

Um das Vitamin C in seiner nativen Form zu erhalten, muss das Enzym inaktiviert werden. Dies geschieht durch kurzes Blanchieren in kochendem oder mindestens 70 °C heißem Wasser. Dies ist allerdings in der reinen Lehre der Rohkost bereits verboten. Andererseits lässt sich durch systematische Experimente zeigen, dass sich die Enzyme bereits bei 55–70 °C inaktivieren lassen. Am Beispiel der Brokkoliröschen zeigt sich, dass bei einem „Blanchieren" bei 65 °C ein Großteil der Enzyme bereits inaktiviert wird, Vitamin C bleibt in seiner nativen Form zum Großteil erhalten. Wird bei 70 °C blanchiert, ist die Oxidation der Ascorbinsäure bereits weitgehend unterdrückt. Bei einer Temperaturbehandlung bis 78 °C finden noch keine Strukturänderungen statt, die harten Zellwände werden nicht erweicht. So liegt es nahe, den Temperaturbereich zwischen der hypothetischen Rohkostgrenze von 42 °C und der Erweichungstemperatur des Zellmaterials, der je nach Gemüse ab 78 °C einsetzt, als „pseudoroh" zu bezeichnen.

In Abbildung 17 zeigt sich die Veränderung des Vitamin-C-Gehalts. Im oberen Teil der Abbildung zeigt sich, dass beim Zerkleinern der rohen Brokkoliröschen die gesamte Ascorbinsäure (dunkelgrau dargestellt) in Deshydroascorbinsäure (hellgrau) umgewandelt wird. Erst beim Erwärmen der Röschen beginnt sich der Abbau ab 50 °C etwas zu verzögern. Ab 70 °C sind die Enzyme weitgehend inaktiviert. Dann bleibt der Vitamin-C-Gehalt erhalten. Dies zeigt ebenso, dass (Sous-Vide) Marinieren und Aromatisieren bei 60 °C durch den pseudorohen Genussbereich abgedeckt ist.

Dieses Beispiel zeigt klar, dass es ein Irrglaube ist, dass Erwärmung ausschließlich gesundheitliche Nachteile in sich birgt. In vielen Fällen ist eher das Gegenteil der Fall. Blanchieren bringt hier einen Vorteil. Im Übrigen sind Brokkoliröschen roh verzehrt kleine Köstlichkeiten. Sie liefern dezent schweflige Duftnoten und steuern einen angenehm bitteren Geschmack auf komplexere Teller bei. Diese einzigartigen Geschmackskomponente, Textur und Farbe ist allein Grund genug, Brokkoli oder anderes Gemüse öfter roh oder pseudoroh zu zelebrieren.

↖ Abb. 15 // In roh (ohne Hitzevorbehandlung) zerkleinertem Brokkoli wandelt sich Ascorbinsäure (dunkelgrau) rasch zu Deshydroascorbinsäure (grau) um (oben). Erst beim Blanchieren ab 70 °C bleibt die Ascorbinsäure praktisch erhalten (obere Messreihe). Wird der Brokkoli zuvor bei 80 °C blanchiert, dann zerkleinert und anschließend bei verschiedenen Temperaturen „gegart", bleibt Ascorbinsäure auch beim Erwärmen praktisch vollkommen erhalten (untere Messreihe). Das Dunkelgraue ist das „Gute".

OBST

Obst ist ähnlich aufgebaut wie Gemüse, es unterscheidet sich in vielen Fällen vom höheren Zelldruck des Wassers in den Zellen (siehe Seite 25). Viele Obstsorten definieren sich über einen hohen Säuregehalt. Auch das Aromaspektrum von Obst und Früchten dominiert mit blumig-fruchtigen Nuancen. Viele der bereits bei Gemüse angesprochenen Fakten lassen sich auch auf Obst übertragen. Eins ist jedenfalls sicher: Reifes Obst liegt im Rohgenuss an der absoluten Spitze.

ENZYME

Bei der Verarbeitung, wie Raspeln, Schneiden oder Pürieren von rohem Obst und Gemüse, spielen Enzyme eine ähnlich große Rolle, wie gerade beim Gemüse angesprochen. Oft legt man in der Rohkostlehre beim Obstverzehr Wert auf die Aufnahme von unzerstörten, nativen Enzymen bei Rohkost und erhofft sich dabei einen gesundheitlichen Vorteil. Das ist natürlich in den meisten Fällen Unsinn. Enzyme sind Proteine, die in einer ganz bestimmten Form in den Zellmembranen verankert sind. Nur in dieser Form sind sie biologisch aktiv und können z. B. – wie im Brokkoli und anderen Gemüsesorten – Ascorbinsäure umwandeln, sobald sie zusammentreffen. Als spezielle Proteine bestehen Enzyme aus den 20 protogenen Aminosäuren. Der Zusammenhalt und die native Gestalt der Enzyme sind daher durch das Wechselspiel der Aminosäuren gegeben. Ändert sich der pH-Wert, so verändern sich die Ladungen mancher Aminosäuren. Der Zusammenhalt des Proteins wird schwächer, die native Gestalt des Proteins verändert sich. Das Protein denaturiert unter Säureeinwirkung. Wird der pH-Wert so eingestellt, dass ein Protein elektrisch neutral wirkt, so verliert es an diesem „isoelektrischen Punkt" seine native Gestalt, es „kocht" allein durch pH-Wert-Veränderung. Somit ist die Gestalt der Proteine stark vom pH-Wert abhängig, und dieser ist im Magen etwa pH = 1. Damit wird der isoelektrische Punkt vieler Enzyme unterschritten, das Enzym denaturiert im Magen, es ändert seine Gestalt, sobald es in den sauren Magensaft gelangt. Aber es ändert nicht seine Aminosäuren – und nur diese definieren den „Nährwert" eines Proteins oder Enzyms.

Ob die Nahrung nun also erwärmt wird und die Proteine dabei bereits aus ihrer Form geraten oder dies erst im Magen geschieht, ist für den physiologischen Wert unerheblich. Bei der Passage in den Darm zerlegen die von der Bauchspeicheldrüse ausgeschütteten Proteasen die Proteinketten in ihre einzelnen Aminosäuren, die dann dem Stoffwechsel zur Verfügung gestellt werden. Spätestens dann ist es ohnehin gleich, ob die Kost roh, gekocht oder fermentiert war. Der gesundheitliche Wert der Enzyme liegt also weniger in ihrer nativen molekularen Gestalt, sondern eher in deren Aminosäurenspektrum.

FIXIERUNG DES PSEUDOROHEN ZUSTANDS

Blanchieren ist, trotz der offensichtlichen Vorteile einer Enzymdeaktivierung, ein Tabu für absolute Rohkostverfechter. Eine Methode zur effektiven Enzymdeaktivierung bietet die Mikrowelle. Ein kurzes Einstrahlen bei hoher Leistung hat den Vorteil einer raschen kurzzeitigen Erwärmung auf 60 °C im Inneren des wasserreichen Obst und Gemüses, sodass zwar die Enzyme deaktiviert werden, die Strukturpolymere wie Pektin, Hemicellulosen usw. aber nicht verändert werden. So behandeltes Gemüse kann dann ohne großen Vitamin-C-Verlust zu Rohpürees verarbeitet werden, ohne dass ein enzymatisch bedingter Nährstoffverlust vonstatten geht.

Auch lassen sich dadurch enzymatische Bräunungen, wie zum Beispiel bei Äpfeln, vermeiden. Polyphenole und andere Stoffe oxidieren unter Präsenz der aus den Zellwänden und Zellmembranen befindlichen freigelegten Enzyme. Die oxidierten Stoffe absorbieren Licht in anderen Wellenlängen, die Schnittflächen werden rasch braun oder grau. Wird ein ganzer ungeschälter Apfel für 5–10 Sekunden bei 1000 Watt in die Mikrowelle gegeben, steigt im wasserreichen Inneren die Temperatur rasch auf über 60 °C – 70 °C an. Dabei werden die meisten Enzyme deaktiviert, von seiner Struktur und Textur her bleibt der Apfel aber pseudoroh. Er kann dann ohne zu bräunen und ohne Beigabe von Zitronensaft oder Ascorbinsäure zu einem (Pseudo) Rohpüree mit klarem unverfälschten Apfelgeschmack verarbeitet werden – genial zu rohem Lachs oder Carpaccio. Diese Methode lässt sich bei allem Obst und Gemüse anwenden, das sich nach dem Anschneiden und dem damit verbundenen Freisetzen von Enzymen braun verfärbt.

Diese angeführten Beispiele zeigen aber auch, dass jedes Gemüse, jedes Stück Obst seine individuelle Handhabung erfordert. Bei den harten Blüten des Brokkolistrunks ändert sich die Struktur nach kurzem Blanchieren wenig. Bei dünnem Blattgemüse, wie Spinat, ist der Druck in den Zellen so groß, dass die Wärmeausdehnung die vielen Zellen zum Reißen bringt. Der Zellsaft fließt heraus, das Blanchierwasser färbt sich grünlich, und die Struktur der Zellwände bricht zusammen, das Blattgemüse verliert seine Spannkraft. Ähnlich ist es beim Einfrieren von unverarbeiteten Blattgemüsen oder vielen Obstarten in Haushaltsgefriergeräten. Die sich bildenden Eiskristalle aus dem Wasser in den Vakuolen wachsen langsam und werden größer als die Zellabmessungen, zumal die Dichte von Eis geringer ist als die von Wasser. Zellwände werden durchstoßen, das kaputte Gerüst bricht nach dem Auftauen zusammen. Ausgeklügelte Techniken sind daher das A und O der Rohkostverarbeitung.

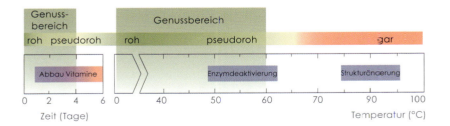

← Abb. 16 // Zeit und Temperaturbereiche für den Genuss von Gemüse und Obst unter Berücksichtigung des Ascorbinsäuregehalts und der Änderung der Zellstruktur der Pflanzenzellen.

Neue Techniken für roh und pseudoroh

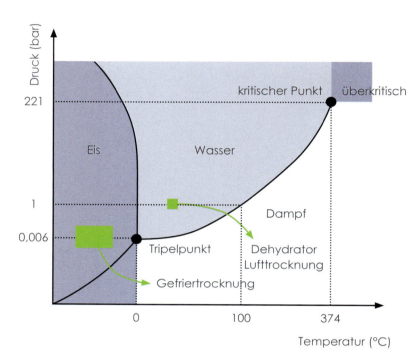

↘ *Abb. 17 //* Die Aggregatzustände (Phasen) des Wassers: Eis, Wasser und Dampf.

Zwischen 0 und 100 °C ist das Wasser bei 1 bar Normaldruck flüssig. Bei Unterdruck kann das Wasser aus der festen Eisphase direkt in die Dampfphase übergehen. Es „sublimiert". Dieser Prozess wird gezielt beim Gefriertrocknen ausgenutzt.

In der reinen Lehre der Rohkost sind nicht viele Techniken erlaubt. Die Verbote sind aber nicht wissenschaftlich begründet und beruhen auf althergebrachten Vorstellungen. Fortschritte in den Verarbeitungstechniken, der Gerätetechnik und nicht zuletzt aufgrund des gewachsenen Verständnisses für die Zusammenhänge auf molekularer Ebene, erweitern die Spannbreite der Zubereitung von Rohkost auf ein beachtliches Spektrum.

TROCKNEN

Allen Lebensmitteln wird beim Trocknen auf verschiedene Art und Weise Wasser entzogen. Der Hauptgrund ist die Haltbarkeitsverlängerung, denn fehlt Keimen und Bakterien freies Wasser, ist ihr Stoffwechsel nicht möglich, sie können nicht mehr wachsen und sterben ab. Trocknen hat aber auch interessante kulinarische Effekte, der Wasserentzug verdichtet wenig flüchtige Aromen, konzentriert Geschmacksstoffe und verändert die Textur. Damit der rohe Charakter der Lebensmittel weitgehend erhalten bleibt, kommen hohe Temperaturen zum Trocknen nicht infrage. Daher kann nur bei unter 42 °C getrocknet werden, etwa im Dehydrator oder durch Gefriertrocknen. Die dabei genutzten Bereiche im Aggregatzustand des Wassers sind daher sehr klein.

Je stärker das Wasser in den jeweiligen Lebensmitteln gebunden ist, desto länger dauert der Trocknungsvorgang. Bei Trocknungstemperaturen um maximal 42 °C kann dieser Vorgang sehr lange dauern. Allerdings bieten derartige Temperaturen eine große Chance: Je nach Trocknungszeit und Lebensmittel lassen sich die verschiedensten Texturen einstellen – von fleischig bis ledrig, von elastisch bis knusprig. Das Entziehen des Wassers verändert also die Wasseraktivität, die im aw-Wert (Activity of water) widergespiegelt wird: aw = 1 entspricht dem freien Wasser, aw = 0 bedeutet vollkommen gebundenes Wasser oder kein Wasser mehr vorhanden. Somit ist die Textur eng mit der Wasseraktivität verknüpft.

Rohe Lebensmittel haben oft eine Wasseraktivität um die 0,9; d. h. 90% des darin befindlichen Wassers ist quasi frei beweglich. Die exakten Positionen der Wassermoleküle variieren von Lebensmittel zu Lebensmittel, je nachdem, wie stark das Wasser von den dort vorhandenen Zuckern, Proteinen usw. festgehalten wird. Je weiter man trocknen möchte, desto länger muss das Lebensmittel im Dehydrator verhar-

---

GEFRIERTROCKNUNG ist eine der schonendsten Methoden der Lebensmittelkonservierung ohne nennenswerte Nährstoffverluste oder Strukturveränderung. Lebensmittel werden zunächst schockgefroren, etwa mit Stickstoff oder in einem Schockfroster, und anschließend in einer Gefriertrocknungsanlage unter Vakuum zwischen -20°C und -80°C getrocknet. Beim Schockfrosten wird das Wasser in den Lebensmitteln rasch eingefroren. Es können sich lediglich kleine Eiskristalle bilden, deren Abmessungen unterhalb des Durchmessers der Zellen bleiben, im Gegensatz zum herkömmlichen Einfrieren in üblichen Haushaltsgeräten. Bei Temperaturen um -80°C sind alle Molekülbewegungen in den Lebensmitteln extrem langsam. Die Lebensmittel sind daher in einem „Glaszustand" und extrem spröde, wie es aus Stickstoffexperimenten bekannt ist. Die Zellstruktur bleibt wegen des Schockfrostens und der sehr langsamen Molekülbewegung erhalten. Beim Trocknen unter Vakuum verdampft Wasser aus seiner festen Phase (Eis), ohne zuvor zu schmelzen. Lediglich „Eis verdampft" (sublimiert), die Zellstruktur bleibt erhalten. Alle weiteren Inhaltsstoffe wie Vitamine, Aromen und Geschmacksstoffe bleiben erhalten. Vitamine, Geschmacksstoffe oder andere niedermolekulare Bestandteile passen nicht in die Eiskristalle und werden aus dem kleinteiligen Eiskristallverbund verdrängt und verbleiben so während der Gefriertrocknung in den Zellen. Gefriergetrocknete Lebensmittel haben daher eine unglaublich knusprige, mitunter schaumige Struktur, bei vollem Nährstoffgehalt. Sie können daher als Texturelement verwendet werden oder aber auch wieder in Säften, Fonds oder anderen schmackhaften Flüssigkeiten rehydriert werden.

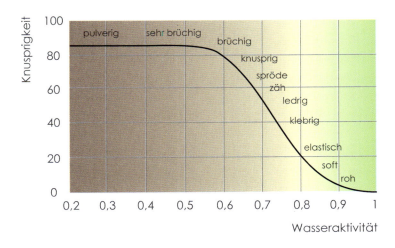

← Abb.18 // Textur von Obst- und Gemüsearten (kein Blattgemüse) in Abhängigkeit der Wasseraktivität. Im Bereich zwischen aw = 0,6 und 0,9 ändert sich die Textur am stärksten. Trocknen zwischen 42°C und 48°C bedingt daher deutliche Texturänderungen.

GLASÜBERGANG BEI LEBENSMITTELN

Unter dem Glasübergang versteht man das „Einfrieren" von Molekülbewegungen ohne Kristallbildung – das Lebensmittel ändert dabei seine „amorphe" Struktur nicht. Ab einem spezifischen Temperaturbereich lässt sich praktisch jedes Lebensmittel „verglasen", was sich in einer spröden, sehr brüchigen Textur bemerkbar macht. Diese „Glastemperatur" hängt sehr stark vom Wassergehalt bzw. der Wasseraktivität ab. Flinke Wassermoleküle wirken immer als Schmiermittel zwischen den Molekülen und erhöhen deren Beweglichkeit. Lebensmittel mit hohem Wassergehalt und Wasseraktivität müssen daher stark gekühlt werden, um in den Glaszustand überführt zu werden. Lebensmittel mit niedrigem Wassergehalt und geringer Wasseraktivität sind schon bei hohen Temperaturen ein „Glas". Am Beispiel stark getrocknetem Gemüse lässt sich das sehr schön erkennen. Bereits bei Zimmertemperatur sind sie brüchig und spröde – damit „glasig". Werden die Gemüsestücke nur leicht befeuchtet, steigen der Wassergehalt und die Wasseraktivität an. Die Wassermoleküle wirken wieder als „molekulares Schmiermittel", die Molekülbewegung wird schneller, die Textur wird ledrig bis elastisch. Jetzt ist man oberhalb des Glaszustands. Kühlt man dieses Lebensmittel wieder ab (z.B. im Eisfach), wird die Molekülbewegung wieder langsamer. Wurde nicht zu viel Wasser zugegeben, erreicht man beim Abkühlen wieder rasch den Glaszustand. Im Stickstoffbad bei -196 °C werden alle Lebensmittel zum „Glas".

ren. Bei den für „roh" erforderlichen niedrigen Temperaturen werden in vielen Fällen vollkommen knusprige Texturen nicht erreicht, da die Trocknungszeit sehr lang wäre. Daher wird häufig bei 48°C, und damit tiefer im pseudorohen Bereich, effektiver getrocknet. Der Übergang von elastisch über ledrig zu spröde wird auch „Glasübergang" genannt – spröde Lebensmittel brechen wie Glas (siehe Abb. 17).

Beim Trocknen über Stunden oder gar Tagen im Dehydrator wird Ascorbinsäure in Deshydroascorbinsäure umgewandelt. Beim Gefriertrocknen gelingt es, das Wasser rasch und komplett zu entziehen. Die rohen Lebensmittel werden schockgefrostet, sodass es zu keiner Zellschädigung kommt. Dann wird das Wasser bei sehr niedrigem Druck im Vakuum entzogen. Dabei geht das Wasser direkt vom Eis in Dampf über, ohne dass es zuvor flüssig wird. Dadurch bleibt beim Gefriertrocknen die Mikrostruktur erhalten, auch die Vitamine und vor allem Ascorbinsäure. Gefriergetrocknete Lebensmittel wie Obst und Gemüse sind daher hochwertig, gleichzeitig bestechen sie durch ihre Textur – als kleine Elemente auf komplexen Tellern ein regelrechter Kick.

Küchentechnisch relevant sind getrocknetes, pseudorohes Obst und Gemüse allemal. Sie lassen sich z.B. auch mit anderen Flüssigkeiten rehydrieren. So können die hohlen Zellräume von gefriergetrockneten Karotten mit frisch gepressten Obstsäften oder fermentierten Gemüsesäften gefüllt werden, was zu ganz neuen pseudorohen Genüssen führt.

Trocknen ist nicht nur auf Obst und Gemüse beschränkt, auch dünne Fisch- oder Fleischscheibchen sind kleine Köstlichkeiten, z.B. Bonitoflocken in Dashis, oder Biltong als snack.. In diesem Zusammenhang sind noch sogenannte „dry aging"-Vakuumierbeutel zu nennen, die seit einiger Zeit im Handel angeboten werden. Diese Membranbeutel lassen zum Beispiel bei Fleisch das Wasser nach außen wandern. Eigentlich sind sie zwar dazu gedacht, das Fleisch zur optimalen Reife zu bringen, lässt man die Stücke jedoch länger darin verweilen, erhält man rohes, gereiftes Fleisch, das stark an Bündnerfleisch erinnert. Auch Rohmilchkäse lassen sich darin weitertrocknen.

VAKUUMIEREN: GESCHMACKS- UND FARBINTENSIVIERUNG

Feine Blattgemüse, wie junger Blattspinat, Rauke, Sprossen und mitunter Wildkräuter, lassen sich durch Vakuumieren aromatisieren und farblich intensivieren. Die Blätter vorsichtig in einen Vakuumierbeutel einschichten, etwas Säure wie Zitronensaft, Ume Su, Yuzu oder passenden Essig und etwas Salz hinzugeben und, am besten in einem Kammervakuumierer, vollständig vakuumieren. Anschließend 30–60 Minuten ruhen lassen. Während dieser Zeit erkennt man noch keine Veränderungen, erst nach dem Aufschneiden der Beutel zeigt sich eine Intensivierung der Farbe. Die Lebensmittel wirken gekocht, allerdings ohne die rohe Textur verloren zu haben. Zwischen den Zähnen bieten sie nach wie vor ein „rohes" Mundgefühl. Auch bleibt der ursprüngliche, rohe Grundgeschmack der Blätter erhalten und ist trotz des Würzens und Marinierens deutlich erkennbar.

Auch Wurzelgemüse wie Rettiche, Radieschen und Sellerie lassen sich auf diese Weise verändern. Dazu werden sie zunächst mit einer Mandoline oder Aufschnittmaschine fein geschnitten. Auch dünn geschnittene Pilze können so verarbeitet werden. Die Scheiben werden transparenter, ohne ihren rohen Geschmack und ihre Aromen zu verändern.
Diese Methode erinnert vom Resultat her ein wenig an die „Pascalisierung", die Hochdruckbehandlung von Lebensmitteln. In diesem Verfahren werden Lebensmittel in Kammern unter hohem Druck (bis zu einigen 100 bar) behandelt. Dies geschieht in der Lebensmitteltechnologie unter anderem zur Entkeimung ohne Temperaturerhöhung, was sehr gut funktioniert. Auch hierbei werden Farben intensiviert. Da der Druck allseitig wirkt, werden manche Proteine nur teilweise denaturiert bzw. wird ihre Faltung verändert, wenn Wasserstoffbrückenbindungen und nichtkovalente Bindungen brechen, so auch beim Lichtsammlerkomplex im Blattgemüse. Das Chlorophyll kann aber nicht oxidieren, die Farbe intensiviert sich. All dies geschieht, ohne dass Nährwerte verändert werden. Möglicherweise ist das, zumindest für den industriellen Maßstab, eine zukunftsträchtige Technologie. Bis derartige sichere Systeme in die Küche gelangen, wird es wohl noch einige Zeit dauern.

FLÜSSIGER STICKSTOFF

Der Vorteil des flüssigen Stickstoffs jenseits der Showeffekte wurde bereits deutlich, als Segmente von Zitrusfrüchten oder Himbeeren mithilfe dieser Technik gewonnen werden konnten. Die intakten Mikroelemente der Früchte ließen ganz andere Weiterverarbeitungen als klein geschnittene Zitruswürfel etc. zu.

Flüssiger Stickstoff hat eine Temperatur von -196°C. Die weißen Abschnitte zwischen den einzelnen Segmenten der Zitrusfrucht sind Strukturpolymere aus Pektin, Cellulosen und ähnlichen Kettenmolekülen. Beim Abkühlen durchlaufen auch diese einen „Glasübergang", der wegen des in den Zwischenräumen geringeren Wassergehalts bei weit höheren Temperaturen liegt als der in den Fruchtsegmenten mit ihrem hohen Wassergehalt. Somit werden die Zwischenräume rascher spröder und bleiben es auch länger als die tränenförmigen Fruchtsegmente selbst. Sie werden somit zu Sollbruchstellen, splittern beim Zerschlagen leicht ab, und die intakten Fruchtsegmente bleiben übrig. Die Alternative hierzu böte die Kaviarzitrone.

KAVIARZITRONEN (auch Fingerlime). Sie haben im Gegensatz zu herkömmlichen Zitrusfrüchten keine stark ausgeprägten „Schnitze" mit eng gepackten „Tränen". Die einzelnen „Tränen" sind durch faserige Molekülverbände geteilt. Somit lassen sich die rundlichen Tränen sehr leicht herauslösen und direkt aus der Frucht verwenden.

Die Kochzeit von Hülsenfrüchten verändert sich nach dem Keimen dramatisch.

Somit ist man mit flüssigem Stickstoff in der Lage, nicht allzu dicke Lebensmittel relativ rasch schockzugefrieren, etwa Blattgemüse, Kräuter oder dünn geschnittene Wurzelgemüse. Der Wärmeaustausch ist wegen der hohen Temperaturdifferenz (die Lebensmittel haben meist Zimmer- oder Kühlhaustemperatur) und der geringen Dicke sehr schnell. Das Wasser in den Zellen hat praktisch keine Zeit zu kristallisieren, die Bewegung der Wassermoleküle verlangsamt sich in sehr kurzer Zeit. Sie verbleiben in einem teilkristallinen, amorphen Zustand. Das Gemüse wird dabei glasartig spröde und bricht leicht. So können die Gemüse in ihrem Glaszustand gemörsert und zu Pulver gemahlen werden (wem es darauf ankommt: ohne einen großen Verlust an Nährstoffen). Mit dieser Methode lässt sich somit farbintensiver, pseudoroher Kräuter- und Gemüsestaub erzeugen, der als neuartiges Gewürz intensive und feine Noten verleiht.

KEIMEN: FREISETZUNG VON ENZYMEN UND GRENZFLÄCHENAKTIVEN SUBSTANZEN

Keimen dient in der Rohkost oft als Veredeln von Samen, die wegen des hohen Gehalts an Lektinen nicht roh verzehrbar sind. Das gilt vor allem für Hülsenfrüchte (Soja-, Mungo-, Azukibohnen, Kichererbsen, Luzerne oder Bockshornklee sowie diverse Linsenarten) und Getreide (Weizen, Roggen, Gerste). Keimen lassen sich auch Pseudocerealien wie Amaranth, Buchweizen oder Hirse. Tatsächlich bringt das Keimen neue Aromen, Eigenschaften und Nährstoffe hervor, die auf keine andere Art und Weise erzeugt werden können.

Während des Keimvorgangs nehmen Lektine, sie können in hoher Konzentration Blutzellen aggregieren, dramatisch ab, gekeimte Bohnen und deren Sprossen werden so verzehrbar. Harte Pflanzenstoffe in

---

Beim Keimen muss strikt auf Hygiene geachtet werden. Temperaturen und die wasserreiche Umgebung begünstigen das Wachstum gesundheitsschädlicher Keime. Diesem Risiko kann nur durch sauberes Arbeiten mit einwandfreier Ware begegnet werden.

---

den Samen, wie Phytine und Pektine, werden durch Enzyme, die während des Keimens aus Membranen freigesetzt werden, zu Nährstoffen abgebaut. Auch die Stärke wird über Amylasen zu Zuckern umgewandelt. Geschmack und Aromen verändern sich deutlich. Während des Keimens steigt auch der Vitamingehalt.

Proteinspaltende Enzyme (Proteasen) werden freigesetzt, zudem Enzyme, die Aminosäuren umbauen. So steigt während dieses Prozesses der Anteil der essenziellen Aminosäuren Cystein, Tyrosin und Lysin gewaltig. Neue Proteine werden gebildet, das Wasserbindungsvermögen nimmt zu. Gleichzeitig zeigen die neuen Proteine starke grenzflächenaktive Eigenschaften: Die Emulgierfähigkeit und die Fähigkeit zur Schaumbildung nehmen stark zu, da die Proteine teilweise wasserlöslich werden.

Dieser Punkt ist insbesondere küchentechnisch relevant, denn aus mit Wasser (oder Rohmilch) pürierten gekeimten Saaten lassen sich luftige Rohschäume oder Mayonnaisen herstellen. Gekeimte Samen haben daher einen sehr breiten Einsatz im Bereich „roh". Die Sprossen benötigen keinen weiteren Verarbeitungs-

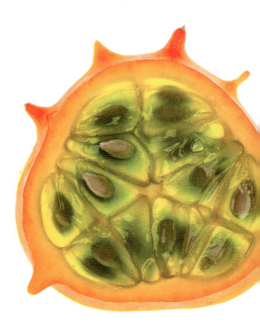

prozess und sind daher im besten (kulturwissenschaftlichen) Sinne roh.

Aus gekeimten Getreiden oder Pseudogetreiden lassen sich auch Kräcker, Pizzaböden oder ähnliches herstellen. Diese werden nach Geschmack mit Kräutern, Zwiebeln, Knoblauch und kalt gepressten Ölen etc. in einer Küchenmaschine gemixt und anschließend im Dehydrator bei 42 °C getrocknet. Die Bindung und mürbeteigartige Textur dieser „ungebackenen Backwaren" kommen vor allem über die während des Keimens neu gebildeten Proteine und freigesetzten Enzyme zustande.

AROMENBILDUNG DURCH PUNKTUELLES RÖSTEN UND KALTRÄUCHERN

Hohe Temperaturen erzeugen feine Röstaromen, die nicht durch ein Gewürz oder ein Kraut zu erzeugen sind. Daher kann Rohkost kurzfristig und punktuell mit einem Gasbrenner befeuert werden. Die Hitze dringt nicht ein, sondern röstet nur an der Oberfläche. Das Gemüse bleibt damit bis auf wenige Punkte roh. Insbesondere für Gemüse ist diese Methode bestens geeignet.

Kalträuchern von rohen Lebensmitteln dient ebenfalls vor allem einer Aromatisierung. Die Bedampfung von Lebensmitteln mit kaltem Rauch verändert den rohen Zustand im Inneren der Lebensmittel nicht. Der Rauch, ein Gemisch aus den Aromen von verglimmendem Holz, Gewürzen, getrockneten Kräutern oder Tees, gibt Rohkost einen neuen geschmacklichen Touch. Auch Rohkostpürees lassen sich mit kaltem Rauch bestens aromatisieren sowie dünne, mit Schneidemaschine oder Mandoline geschnittene Scheiben von Wurzelgemüse (z. B. Pastinaken, Petersilienwurzel, Sellerie oder Karotten). Einen ganz besonderen Reiz hat kalt geräuchertes Obst, wie Ananas, Datteln, Himbeeren. Deren Säure-Süße-Spiel lässt sich mit den vanilleartigen, mitunter teerigen Raucharomen hervorheben. Eine ganze Reihe der Raucharomen wirkt außerdem antioxidativ.

GETRÄNKE: PUR UND GEMIXT

Seit dem Siegeszug der Smoothies sind pure oder Mixgetränke aus frisch püriertem und entsaftetem Gemüse, Nüssen und Früchten, dezent abgeschmeckt mit frischen Kräutern, weitverbreitet. Das bestechende Mundgefühl, der frische Geschmack und die vielfältigen Möglichkeiten dieser Getränke ergeben eine weit größere Geschmacksvielfalt als bei herkömmlicher fester Rohkost, vor allem wenn Roh- und Kokosmilch zusammen mit Kräutern wie Liebstöckel oder Gewürzen wie Kurkuma oder Safran einbezogen werden. Zudem sind, dank Kräutern und Gewürzen, ganz neue Duftrichtungen möglich.

Allerdings werden bei herkömmlichen Entsaftern durch die bei starker und rascher Zerkleinerung entstehenden Reibungskräfte höhere Temperaturen erreicht. Ein anderes Problem ist die Freilegung von Enzymen aus den Zellwänden, die zu unerwünschten Reaktionen wie einer raschen Oxidation von Vitamin C, die Bildung von Fehlaromen oder eine Farbveränderung führen.

Etwas besser eignen sich Spiralentsafter, die es auch erlauben Blattgemüse zu entsaften. Das Prinzip dieser Geräte ist es, auf die Pflanzenzellen lediglich Druck von außen auszuüben. Die Zellen platzen und geben ihren Zellsaft und darin enthaltene Vitamine, Aromen und Polyphenole frei. Zellwände werden dabei weniger geschädigt, es werden weniger Enzyme freigesetzt. Daher sind enzymatisch bedingte Veränderungen der daraus erhaltenen Säfte weniger wahrscheinlich.

ROHKOST AUS DEM PACOJET

Der Pacojet ist aus dem High-End-Gourmetbereich und der Sterneküche nicht mehr wegzudenken. Bei -22 °C gefrorene Massen werden mit 2000 Umdrehungen pro Minute mit einem Werkzeug (Pacossierflügel) abgefräst. Der Vorschub ist dabei so gering, dass nur feinste, im Mikrometerbereich liegende Schichten abgetragen werden. Die dabei entstehenden Eispartikel ergeben ein extrem cremiges Eis, dessen Schmelzverhalten und Mundgefühl sich von herkömmlichen Produkten deutlich unterscheiden. Die nur Mikrometer großen Partikel weisen eine sehr große Oberfläche aus, ihr Volumen ist dabei klein. Somit kann an den großen Oberflächen der feinen Partikel Wasser gebunden werden. Wasser, das sehr lokal durch den Pacossierprozess frei wird, da durch die hohen Kräfte Eis schmilzt, aber wegen der niedrigen Temperatur von unter -20 °C sofort wieder gefriert. Die kleinen Partikel aus der zermahlenen Cellulose wirken emulgierend und erhöhen die Viskosität und damit die Cremigkeit. Das ständige Schmelzen und Wiedergefrieren folgt anderen physikalischen Gesetzen als bei der Eisherstellung in einer Eismaschine.

Auch für feine Rohkostpürees ist das Gerät ein Segen. Wegen des geringen Vorschubs wird ein Teil der Pflanzenzellen, deren Abmessungen 10–250 µm betragen, geöffnet, auch jene, die den Gefrierprozess überstanden haben. Zellinhalte, wie wasserbindende Pektine, Glycoproteine und Hemicellulosen, aber auch ätherische Öle, werden freigelegt. Die Textur wird extrem cremig, geschmacks- und duftintensiv. Da die Temperatur beim Abfräsen des gefrorenen Materials trotz der hohen Reibung nur sehr lokal leicht erhöht ist, sind enzymatische Veränderungen stark gebremst. Farbveränderungen und Mikronährstoffverlust sind daher vernachlässigbar.

Im Pacojet lassen sich alle roh essbaren Gemüse, die sich nur schlecht roh fein pürieren lassen, mühelos zerkleinern, um sie als Cremes zu servieren: Stangensellerie, Knollensellerie, Rote Bete, Pastinaken, Karotten, Paprika (inklusive Haut und Kernen). Da Schalen und Kerne mitzerkleinert werden, oder sich getrennt verarbeiten lassen, lassen sich mit dem Pacojet ganz neue Rohkostgerichte entwickeln, etwa eine ölreiche Creme aus Tomatenkernen.

Der Thermomix ist für Rohkostpuristen oft keine Alternative: Beim Zerkleinern entsteht eine hohe Reibungshitze, sodass die 42-°C-Marke rasch überschritten wird, es sei denn man fügt beim Mixen immer wieder etwas flüssigen Stickstoff oder eine kleine Kelle Trockeneis dazu, was aber zu einer schnellen Materialermüdung und Bruch des Thermomixmessers führen kann.

BEIZEN UND MARINIEREN

Das Beizen in Zucker, Salz und trockenen Gewürzen bzw. das Marinieren mittels Säuren und Gewürzen ist eine weitere Methode der Verarbeitung von Rohprodukten. Säurehaltige Marinaden auf Essig-, Zitrussaft- oder Weinbasis eignen sich bestens für proteinreiche Lebensmittel wie Fleisch oder Fisch, wenn diese pseudoroh verzehrt werden, siehe Carpaccio oder Ceviche. Die Marinade dient zunächst einer Säuerung als Geschmackskomponente, aber auch der leichten Gestalt- und Strukturveränderung von Proteinen. Wie schon angesprochen, verändert Säure die Wechselwirkung zwischen den Aminosäuren. Bei farbstarken Fischen wie Lachs, Lachsforelle oder Makrele sind Proteinveränderungen mit bloßem Auge zu erkennen. Deren Fleisch verfärbt sich leicht, es wird, ähnlich wie beim Garen unter Temperatur, weißlich.

Fleisch und Fisch lassen sich auch mit Salz und Zucker (und trockenen Gewürzen) beizen. Diese althergebrachte Methode dient einer leichten Entwässerung über osmotische Vorgänge. Beide, sowohl Salz als auch Zucker, entziehen über den osmotischen Druck den Lebensmitteln Wasser, allerdings auf unterschiedliche Weise. Salz über seine Ionen, Zucker über rein dipolare Kräfte, also über die Löslichkeit. Verschiedene Proteine werden daher unterschiedlich angesprochen. Myosin spricht eher auf Salz an, es kann sich bei entsprechend hoher Konzentration (etwa von 0,6–6 %) lösen und somit die Struktur des Muskelfleisches verändern. Bei Zucker ist diese Wirkung weniger stark. Je nach Anforderungen und gewünschtem Endzustand kann über das Zucker-Salz-Verhältnis das Mundgefühl der gebeizten Lebensmittel optimal eingestellt werden. Die Verwendung von anderen Zuckern (Fructose, Glucose, Lactose, Isomalt usw.) hält noch weitere Möglichkeiten, den osmotischen Effekt zu verändern, bereit.

Geschieht das Beizen im Vakuumbeutel, werden die Effekte beschleunigt. Gleichzeitig erhält man Synergien über das Kaltgaren. Das Kaltgaren im Vakuumbeutel z.B. von Spargel, Rhabarber oder Wurzelgemüse, Zucker und mit Salz, gehört in die Kategorie der pseudorohen Verarbeitungstechniken.

PÖKELN: OSMOSE UND SALZFÄLLUNG VON MYOSIN

Natriumchlorid (NaCl) ist im festen Zustand ein Kristall, das sich in Wasser auflöst. Das heißt, es lösen sich nach und nach positiv geladene Natriumionen und negativ geladene Chloridionen, die sich unabhängig voneinander im Wasser bewegen können.

Diese „Freiheit der Bewegung" (Entropie) und die elektrische Ladung sorgen zum einen für den angenehm salzigen Geschmack (sofern nicht überdosiert wird), zum anderen für allerlei physikalische Effekte, die für den Rohverzehr genutzt werden können.

Innerhalb weniger Minuten nach dem Salzen von Fleisch ist mit bloßem Auge zu erkennen, dass das Salz die Flüssigkeit aus dem Fleisch zieht. Zunächst ist dies auf die Osmose zurückzuführen. Außerhalb der Muskelzellen ist die Salzkonzentration hoch, innerhalb kleiner. Da Salz nicht über die Zellmembran in die Zellen dringen kann – die Ionen sind mit dem sie umhüllenden Wasser viel zu groß – wird versucht, die Salzkonzentration außen zu verringern, dazu dringt das Wasser aus der Zelle nach außen. Natrium- und Chloridionen dringen aber zwischen die Fasern ein. Das austretende Zellwasser löst Natrium und Chloridionen. Diese binden Wasser und dringen zwischen die Muskelfasern und Myofibrillen. Das Fleisch wird damit bei längerer Einwirkzeit durch und durch gesalzen.

Die Salzionen treten jetzt mit den positiv und negativ geladenen Aminosäuren der faserumhüllenden Proteine in Wechselwirkung. Positiv geladene Natriumionen scharen sich eher um negativ geladene Aminosäuren (Glutaninsäure, Asparaginsäure), Chloridionen eher um positiv geladene Aminosäuren (Lysin, Arginin, Histidin) und schirmen deren Ladungen (bei entsprechendem pH-Wert) ab. Die Wechselwirkung zwischen den Proteinen wird daher schwächer, Fasern lockern sich weiter, Salz dringt noch tiefer ins Fleisch und nimmt dabei seine Wasserhüllen mit. In den gelockerten Proteinteilen hat mehr Wasser Platz. Schon wird der Wasserverlust über die Osmose in den Zellen etwas ausgeglichen. Das Fleisch wird in tieferen Schichten gesalzen und durch die Ionen befeuchtet. Die Salzkonzentration ist jetzt höher, Myosin kann sich jetzt in der wasserreichen Phase eher lösen und assoziieren. Die Struktur kompaktiert, das „durchgesalzene" Fleisch hat eine geringere Wasseraktivität, denn die im Fleisch vorhandenen Wassermoleküle werden von den Salzionen „festgehalten". Das an das Salz gebundene Wasser ist nicht mehr frei und steht schädlichen Keimen nicht mehr zur Verfügung. Das Fleisch kann im Prinzip jetzt luftgetrocknet und ohne Starterkulturen gereift werden.

Fehlt noch eine ungefähre Mengenangabe des Salzes. Beim Trockensalzen kann das Fleisch gut mit Salz bestreut und eingerieben werden. Beim Einlegen in eine Lake sind 25–40 g Salz pro Liter Wasser angebracht, je nach intramuskulärem Fettanteil. Die Pökelzeit hängt stark von der Dicke des Fleischstücks ab.

KAVITATION UND DRUCKMARINIEREN

Marinieren, Beizen oder die Herstellung aromatischer Flüssigkeiten ist mit Zeit verbunden. Zeit ist für „roh" stets ein großes Problem, denn Zeit bedeutet Alterung, Ascorbinsäureabbau oder Strukturveränderungen. Unter äußerem Druck finden die Prozesse des Marinierens und Beizens rascher und effektiver statt. Lebensmittel werden zusammen mit der zu marinierenden Flüssigkeit in einen Sahnesiphon gegeben, mit Stickstoffpatronen (N_2O) beladen und anschließend gekühlt. Bereits nach kurzer Zeit, weniger als ein, zwei Stunden, kann das Gas vorsichtig abgelassen werden, und die Lebensmittel sind bestens aromatisiert bzw. mariniert. So lässt sich auch duftendes Kräuter- oder Gewürzöl herstellen.

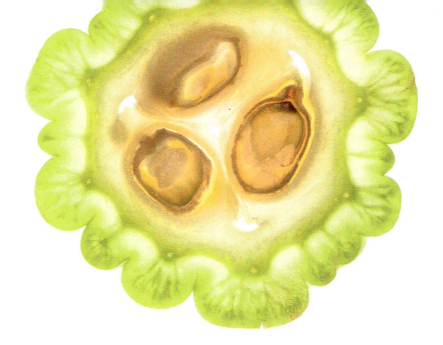

Diese Methode funktioniert deshalb so gut, da sich das Gas N_2O sowohl in wässriger als auch in fettiger Umgebung gut löst, bei niedrigen Temperaturen sogar besser. Daher dringen die Gasmoleküle nach und nach weit in das Innere der Lebensmittel ein, bis in die Zellenflüssigkeit. Dort sammeln sie sich zu Mikrobläschen, die, solange der Druck bestehen bleibt, harmlos sind und die Zellen nicht schädigen. Wird aber das Gas aus dem Sahnesiphon abgelassen, dehnen sich die Bläschen im Inneren der Zellen aus, vereinigen sich zu größeren Makrobläschen und platzen. Dadurch werden viele Zellwände aufgesprengt, und der Zellinhalt, unter anderem mit den ätherischen Ölen, wird freigegeben. Diese können dann sehr leicht in das Öl, den Alkohol oder das Wasser übergehen und die Flüssigkeit rasch und effektiv aromatisieren.

Fleisch- oder Gemüsestücke ohne umgebende Flüssigkeit lassen sich durch diese Methode in der Textur verbessern: Das eindringende Gas sprengt z. B. Muskelzellen auf, die Fasern werden verkürzt und der Biss wird besser. Auch die Aromen intensivieren sich dabei.

Weitere Vorteile dieser Methode sind die niedrigen Temperaturen, die Lebensmittel bleiben roh bzw. pseudoroh; es werden keine osmotischen, zellaufschließenden Mittel wie Zucker oder Salz verwendet (die den Geschmack stark verändern), und die enzymatischen Veränderungen halten sich in Grenzen, da kein Mörsern oder Zerkleinern stattfindet. Des Weiteren findet dieser Prozess unter Schutzgas statt. Die hohe Konzentration von N_2O verhindert eine weitgehende Oxidation von Vitaminen oder sekundären Pflanzenstoffen in dem Sahnesiphon.

BINDE- UND GELIERMITTEL

Das Gelieren und Verdicken von frisch gepresstem und rohem Obst oder Gemüse ist mitunter ein Problem, da sowohl übliche Gelatine als auch Stärkeprodukte stärker erwärmt werden müssen, um ihre Wirkung zu zeigen. Es werden daher Gelier- und Verdickungsmittel benötigt, die bereits bei Temperaturen unter 40–50 °C ihre Wirkung zeigen. Toleriert man Gelatine als gekochtes Hilfsmittel, lässt sich das Problem mit Spezialgelatine lösen, deren Trocknungsgrad nicht allzu hoch ist und die in Pulverform vorliegt. Diese lässt sich bereits bei Temperaturen um 45°C lösen und entfaltet dabei ihre volle Gelierkraft. Ansonsten stehen kaltlösliche Verdickungs- und Geliermittel zur Verfügung: Xanthan, Guarkernmehl (verdickend) und Iota-Carageenan

THEORIE

(gelierend). Auch kaltlösliche (modifizierte) Stärken, wie sie von Produkten wie Sahnesteif bekannt sind, lassen sich in diesem Bereich, auch in Kombination mit den anderen Produkten, verwenden.

ROHEMULSIONEN VON ÖLSAATEN

Ungeröstete Nüsse und Ölsaaten bieten ein ungeahntes Potenzial für Rohkost. Feine Cremes aus Sonnenblumenkernen, Wal-, Cashew-, Macadamia- oder Haselnüssen sind wundersam schmackhafte Ergänzungen auf Rohkosttellern.

Wie der Name schon sagt, enthalten Ölsaaten eine große Menge Öl in einer Vielzahl winziger Ölkörperchen, die sich in den Zellen befinden und den Saaten als Nahrungs- und Energiespeicher dienen. Werden Nüsse mit Wasser (Menge nach gewünschter Konsistenz) im Standmixer püriert, ergeben sich feine Cremes mit gutem Stand. Für sehr feine Pürees empfiehlt sich das Pacossieren. Für den guten Stand dieser „Mayonnaisen" sind Zellbestandteile verantwortlich, wie Glycoproteine, Speicherproteine, aber auch die in den Zellmembranen befindlichen Emulgatoren (Phoshopholipide) sowie der verbleibende Feststoffanteil aus dem zerkleinerten Zellmaterial. Hauptverantwortliche sind allerdings die kleinen, nur einige Hundert Nanometer bis Mikrometer großen Ölkörperchen (Oleosome), die bereits in den Zellen der Saaten stabil emulgiert sind und so auch der Creme zur feinen Konsistenz verhelfen. Bei gröberem Mixgrad lassen sich formbare Nussnocken mit einem sehr brüchigen und knackigen Mundgefühl erzeugen.

Mandeln sind besonders hervorzuheben. Eine im Pacojet hergestellte Creme aus rohen Mandeln ist kaum zu übertreffen, je nach dem Verhältnis von Wasser zu Mandelmasse lässt sich die Konsistenz exakt einstellen. Von Mandelmilch, über mundfüllende Cremes bis zu standhaften Mayonnaisen ist alles möglich.

Werden aus gekeimten Nüssen oder Ölsaaten derartige Mayonnaisen hergestellt, sind diese wegen der Neubildung von Proteinen und freigesetzten Enzymen stabiler.

GETREIDEMILCH, GETREIDECREMES

Wer bei rohem Getreide an grob geschrotete und eingeweichte Frischkornbreis denkt, liegt zunächst nicht falsch. Das Problem mit diesen in Getreidemühlen geschroteten Cerealien ist deren eigentümliches Mundgefühl, das sich nicht recht mit kulinarischen Genüssen verbinden lässt. Dennoch ist das geschmackliche Potenzial von rohem Getreide extrem hoch. Auch bieten moderne Techniken, wie Pacojet oder Thermomix, die Möglichkeit, den Mahlgrad und somit die Konsistenz exakt einzustellen. Kleine Tupfen von feinen Cremes aus Getreide, Duftreis, Basmatireis usw. ergänzen Rohgemüseteller auf eine ausgezeichnete Weise. Vor allem die Kombination von Duftreis und rohem Fisch ergibt eine ganz andere Definition von Sushi. Die Duftnoten von frischen Getreidecremes, nur dezent gewürzt und abgeschmeckt, sind auch in modernen Desserts nicht zu verachten.

Dies funktioniert natürlich auch mit Pseudocerealien wie Amaranth, Leinsamen, Chia oder Hülsenfrüchten wie Sojabohnen, Lupinen oder Alfalfa (Luzernesamen). Sie lassen sich ebenfalls zu milchartigen Getränken und Cremes verarbeiten. Allerdings ist sowohl bei Cerealien als auch Pseudocerealien auf das allergische Potenzial mancher Proteine zu achten.

Auch allein der Naturkosttrick, Leinsamen oder Chia in wässrigen Flüssigkeiten (Wasser, Milch, Tee, Kaffee usw.) einzuweichen und die sich bildenden Schleimstoffe als Wasserbindemittel zu nutzen, um Viskosität und Textur der Flüssigkeiten zu verändern, gehört durchaus zur Pseudorohverarbeitung dazu.

FERMENTATION

Die Fermentation bietet für pseudorohe Kost eine ausgezeichnete Methode der geschmacklichen Veränderung und Aromabildung. Die einfachste Möglichkeit der Fermentation ist die Milchsäuregärung, wie sie von Rohmilchjoghurt, Sauerkraut oder Kimchi bekannt ist. Durch den Gärprozess unter Sauerstoffabschluss wird der pH-Wert der Lebensmittel durch Bildung von Milchsäurebakterien gesenkt. Die Struktur und die Textur der Lebensmittel werden dabei lediglich über die Veränderung des pH-Werts gesteuert. Sauerkraut ist nach wie vor ähnlich knackig wie der ursprüngliche Weißkohl. Die Säuerung bedeutet eine deutliche Verlängerung der Haltbarkeit.

Milchsäuregärung ist bei allen Gemüsesorten möglich, die auch roh verzehrt werden können. (Als Hinweis: Grüne Bohnen, Stangenbohnen oder dünn geschnittene Kartoffelscheiben sollten vorblanchiert werden.) Um die Gärung möglichst effektiv zu gestalten, müssen einige der Pflanzenzellen gequetscht oder das Gemüse gestichelt werden, um entsprechende Enzyme freizusetzen. Das vorbereitete Gemüse wird dann in einer Lake aus Salz angesetzt. Dabei bringt das Salz Pflanzenzellen über den osmotischen Druck zum Platzen. Mehr Enzyme treten mit der Zellflüssigkeit aus, die Fermentation beginnt. Milchsäurebakterien sind immer vorhanden, daher kommt die Gärung relativ schnell in Schwung.

Eine einfache und sichere Methode der Milchsäuregärung ist die Fermentation der Gemüse in Vakuumbeuteln. Die Gefahr einer Schimmelbildung ist damit prak-

tisch ausgeschlossen. Dazu wird das Gemüse in einen/mehrere große Vakuumbeutel mit Salz und Wasser nach Wunsch gegeben, vakuumiert und verschweißt. An einem warmen Ort (um 30 °C) beginnt die Fermentation, der Beutel bläht sich etwas auf. Je nach Fermentationsdauer wird das Gemüse sauer, nach 14–20 Tagen ist der Prozess abgeschlossen. Natürlich können bei dieser Methode auch Gewürze und andere Zutaten mitverschweißt werden. Die Aromatik lässt sich somit bestens steuern. Auch bleibt der Ascorbinsäure- und Vitamin-C-Gehalt bei den niedrigen pH-Werten zwischen 4 und 4,5 auch bei Lagerung hoch.

Je nach Flüssigkeitszugabe, am besten ist ein mineralarmes Wasser (Osmosewasser), erhält man eine größere Menge Fond, der gefiltert als Würzung, in Marinaden oder als Drink serviert werden kann. Oder als Startkultur für den nächsten Versuch.

Eine weitere Möglichkeit der Fermentation ist der Einsatz von Misopasten. Diese pilz- und enzymreichen Pasten erlauben auch einen enzymatischen Abbau von Kohlenhydraten und Proteinen. Nach längerer Fermentationszeit (mehr als 4 Wochen) verändert sich die Struktur merklich. Auch entstehen Aromen, die eher an Sojasauce erinnern und für einen weitgehenden Proteinabbau sprechen. Dieses „enzymatische Kochen" ist die Grenze zwischen pseudoroh und vollkommen fermentiert. Trotz der Fermentationstemperatur von unter 42 °C treten dann Prozesse auf, wie sie vom Kochen bekannt sind. Andererseits tritt durch die Mischfermentation von Pilzen, Milchsäurebakterien und Hefen eine Nährstoffmultiplikation auf, der man wieder einen gesundheitlichen Vorteil zuspricht.

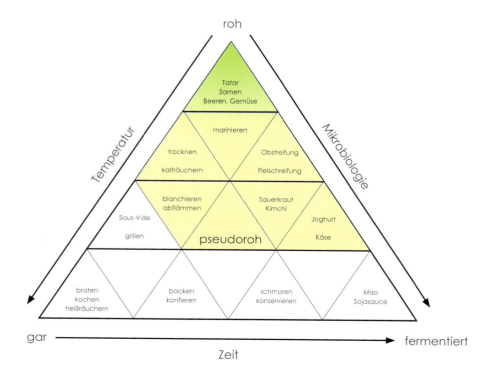

↘ *Abb. 19 //* *Die Erweiterung des Begriffs „roh" zu „pseudoroh" im kulinarischen Dreieck.*

ROH UND PSEUDOROH IM KULINARISCHEN DREIECK

Zurück zur Kultur und zu den Basiszuständen des Kochens. Die konsequente Erweiterung des Begriffs roh zu pseudoroh führt zur Veränderung von Lebensmitteln durch kulturelle Handlungen und moderne Küchentechnologie: sanfte Temperaturerhöhungen, Marinieren, Beizen und Fermentieren. Durch die Kenntnis der molekularen Veränderungen lässt sich eine neue Kochlandschaft entdecken – mit vielen Zwischenstationen auf dem Weg roh nach gar und roh nach fermentiert.

Das erweiterte „Roh" wird damit Teil einer ganz neuen Kochtechnik, Küchenkultur. Vor allem aber bieten roh und pseudoroh eine Vielzahl von neuen Möglichkeiten einer Geschmacks- und Aromavielfalt, neue Texturen mit bestechendem Mundgefühl und nicht zuletzt neue Ansätze zur Tellergestaltung. Kulinarik und Kulinaristik bleiben spannender denn je.

BIETET AUSSCHLIESSLICH „ROH" EINEN GESUNDHEITLICHEN VORTEIL?

Es gibt wie immer in diesen Fragen keine allgemeingültigen Regeln. Bis auf eine: mit Genuss essen, was einem schmeckt. Und sich nichts erzählen lassen von jenen Aposteln, Anti-Agern und alternativen Ernährungsfachleuten, die mit Sendungsbewusstsein Diäten, Ethik und Auffassungen verkaufen möchten. Essen ist keine Medizin, und Altern ist auch nicht durch ausschließlich rohe oder vegane Kost „heilbar". Nichts von derartigen Marketinggags ist wahr. Und Glauben ist Nichtwissen.

Am Ende sind es immer nur die molekularen Veränderungen, die beim Kochen, Essen und Verdauen eine Rolle spielen. Es gibt auch eine ganze Reihe bewiesener Fakten, die gegen eine vollkommene Ernährung durch Rohkost sprechen. Letztlich zählen Geschmack, Vorlieben und Vielfalt – und der Genuss!

Vakuum

Der Begriff „Vakuum" (von lat. vacuus = leer) bezeichnet einen luftleeren Raum. Da es technisch unmöglich ist, ein vollständiges Vakuum zu erzeugen, wird auch ein nahezu leerer Raum als Vakuum bezeichnet. Für das Marinieren unter Vakuum/Kalt Garen muss ein Vakuum von über 99,5 % erreicht werden, welches nur von Vakuumkammermaschinen erzeugt werden kann.

VAKUUMVERPACKEN

Eine Vakuumkammermaschine arbeitet immer nach dem gleichen Prinzip. Zuerst wird das Produkt in einen Vakuumbeutel gefüllt und dieser komplett in die Vakuumkammer mit dem offenen Beutelende über den Schweißbacken gelegt. Nach dem Schließen des Deckels wird mittels einer Vakuumpumpe der Kammer und dem Beutel die Luft entzogen.

Die Beutelöffnung wird jetzt durch einen Hitzeimpuls am Schweißbacken und bei gleichzeitigem Druck auf die Beutelöffnung verschweißt und somit verschlossen. Danach strömt die Luft wieder in die Kammer (Rückbelüftung), und der Vakuumverpackungsvorgang ist beendet.

Durch den Sauerstoffentzug verlangsamen sich Stoffwechsel- und Oxidationsprozesse im Lebensmittel, was zu einer längeren Haltbarkeit führt. Durch das Vakuumieren kann der Mariniervorgang zudem deutlich verkürzt werden. Da es durch das Verpacken im Beutel (luftdicht) keinen Verlust von Aromen (flüchtige usw.) gibt, kann die Menge an Gewürzen und Aromen gegenüber der Menge beim herkömmlichen Marinieren deutlich reduziert werden. Durch das Marinieren bekommen Produkte wie Fleisch und Fisch eine zartere Konsistenz.

HAUSHALTSÜBLICHE VAKUUMIERGERÄTE

Bei einzelhandelsüblichen Geräten, z.B. aus Kunststoff für Privathaushalte, wird die Luft vom Gerät direkt extern aus dem Beutel gezogen. Diese Geräte erreichen ein für das Marinieren und den Umkehrosmoseprozess nur unzureichendes Vakuum von 35–70 % und sind deshalb nicht geeignet, da zu wenig Druck auf das Produkt einwirkt. Durch diesen niedrigen Vakuumwert würde ein Beutel im Thermalisierer aufschwimmen. Die Restluft im Beutel verschlechtert somit eine konstante Wärmeübertragung im Produkt – eine gleichmäßige warme Marinierung wäre so unmöglich. Die Haltbarkeit des Produkts wird durch den Einsatz dieser Geräte aufgrund des geringen Vakuums nur unwesentlich verlängert. Zur Nutzung dieser einfachen Geräte sind außerdem speziell strukturierte Beutel, sogenannte goffierte Beutel, nötig.

PROFI-VAKUUM-KAMMERGERÄT

Für diese Anwendung sind Tisch- oder Standvakuumkammergeräte unumgänglich, da nur diese ein Vakuum von über 99,5 % erzeugen. Erst ab diesem Vakuumwert wird eine deutlich verlängerte Haltbarkeit und eine gleichmäßige Marinierung erreicht. Im Gegensatz zu Haushaltsgeräten können bei Vakuumkammermaschinen auch Flüssigkeiten vakuumiert werden.

VAKUUMKAMMER

Die Größe der Vakuumkammer hängt von der Größe des zu verpackenden Lebensmittels ab. Im Zweifelsfall ist eine größere Ausführung zu wählen. Das Kammervolumen lässt sich auf einfache Weise verkleinern, indem Kunststoffplatten in die Kammer gelegt werden. Durch diese Platten wird außerdem die Höhe des Produkts zum Schweißbacken angeglichen, um ein optimales Schweißergebnis zu erhalten. Für Beutel mit flüssigem Inhalt gibt es einlegbare Schrägeinsätze, welche die Flüssigkeit im Beutel vom Schweißbereich fernhält. Transparente Kammerdeckel erlauben ein besseres Verfolgen des Vakuumiervorgangs.

SCHWEISSBACKEN

Die Auswahl der Schweißbackenlänge richtet sich nach der maximalen Beutelöffnung. Weit verbreitet sind Schweißbacken mit 200–450 mm Länge. Die Bewegung der Schweißbacken sollte mittels Schweißzylindern erfolgen, da nur diese einen hohen Anpressdruck ermöglichen. Außerdem ist eine mit Zylindern ausgestattete Maschine hygienischer, da sie leicht zu reinigen ist. In der Regel reicht ein Schweißdraht aus. Wer mehr Sicherheit wünscht, wählt Geräte mit zwei parallel liegenden Schweißdrähten. Eine sinnvolle Zusatzausstattung ist ein Trenndraht, der vor dem Schweißdraht angeordnet ist und den überstehenden Beutelrand durch höhere Temperaturen und ein spezielles Profil abtrennt. Das Abtrennen ist auch aus hygienischen Gesichtspunkten vorteilhaft, da evtl. anhaftende Lebensmittelreste an der Beutelöffnung mit entfernt werden. Die Schweißzeit sollte für unterschiedliche Beutelstärken variabel einstellbar sein.

VAKUUMPUMPE

Je größer die Vakuumkammer, desto leistungsfähiger sollte das Herzstück, die Vakuumpumpe, sein. Sie sollte mindestens 99,8 % Vakuum erzeugen.

STEUERUNGSARTEN

Es gibt zwei Arten von geeigneten Steuerungen, mit denen die notwendigen Parameter wie z. B. „Zeiten in Sekunden (Select)" oder „Vakuumleistung in Prozent (Perfect)" eingestellt werden können.

IMPULSVAKUUM

Bei der Zubereitung bestimmter Produkte muss der Vakuumiervorgang verlängert bzw. unterbrochen werden, damit alle Lufteinschlüsse aus dem Produkt oder den Produktzwischenräumen entweichen können. Beim Verpacken mit Impulsvakuum

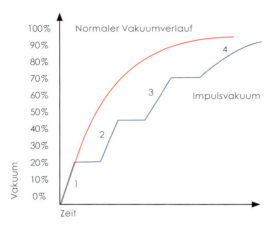

der Vakuumpumpe auszublasen; dies erhöht die Lebensdauer der Vakuumpumpe. Das Serviceprogramm sollte der Benutzer mindestens einmal wöchentlich anwenden, um Korrosion zu vermeiden.

SOFTBELÜFTUNG

Erfolgt die Rückbelüftung der Vakuumkammer zu schnell, kann beim Verpacken von spitzen oder scharfkantigen Produkten der Beutel beschädigt werden. Empfindliche Produkte wie Fisch oder zart strukturierte Obst- und Gemüsesorten können sogar verformt werden. Mit der Funktion „Softbelüftung" strömt die Luft bei der Rückbelüftung erst langsam und dann schneller ein, sodass sich die Folie sanft um das Produkt legen kann.

wird der Vakuumiervorgang mit einer einstellbaren Anzahl an Vakuumstufen durchgeführt. Die Steuerung (z.B. KOMET Perfect-Steuerung) macht beim Erreichen eines jeden Teilwertes eine zuvor einstellbare Pause. In diesen Pausen hat die eingeschlossene Luft mehr Zeit, aus dem Produkt, den Produktzwischenräumen und somit aus dem Beutel zu entweichen.

SIEDEPUNKTERKENNUNG

Der Siedepunkt von Wasser im Gargut hängt vom herrschenden Druck und der Temperatur ab. Werden zugegebene Flüssigkeiten (Marinaden) oder Produkte mit hohem Wasseranteil wie Gurke oder Spargel vakuumiert, beginnt sich ab einem bestimmten Vakuumwert das Wasser im Produkt zu Wasserdampf zu verändern. Dieser Wasserdampf wird im Beutel durch Blasenbildung (Sieden) bemerkbar. Sobald der Siedepunkt erreicht ist, schaltet die Steuerung den Vakuumiervorgang automatisch ab.

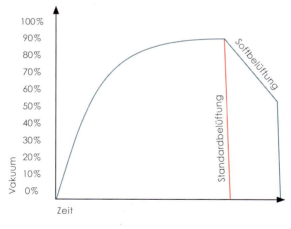

SERVICEPROGRAMM

Alle Maschinen von KOMET verfügen serienmäßig über ein Serviceprogramm, um den Wasseranteil, der sich im Öl der Vakuumpumpe gesammelt hat, über den Luftauslass

THERMALISIEREN

Die schonendste und effizienteste Form des Marinierens ist das warme Marinieren von Gemüse und Obst unter Vakuum. Beim warmen Marinieren wird das marinierte Gut

vakuumiert, d.h. in einen luftdicht verschlossenen Vakuumbeutel eingeschweißt und danach im temperaturkonstanten Thermalisierer gegart. Durch das Verpacken der Produkte im Vakuumbeutel wird nichts an die Umgebung abgegeben. Aroma, Geschmack, Mineralien, Vitamine und Feuchtigkeit bleiben erhalten. Andere mögliche Anwendungen für den Gourmet-Thermalisierer sind Sous-vide-Garen, Regenerieren und Warmhalten. Die beste und gleichmäßigste Wärmeübertragung zum Marinieren bietet ein Thermalisierer, da Wasser der idealste Wärmeleiter ist.

WAS SIND GOURMET-THERMALISIERER?

Thermalisierer sind temperaturstabile Wasserbäder. Die Regelung der Temperatur erfolgt mittels PID (Proportional-Integral-Differential). Der Wärmeübergang ins Wasser basiert auf pulsweitenmodulierten Energieschüben (PWM), wodurch das Wasser permanent in Turbulenz gehalten wird. Die laminare Strömung des Wassers wird unterbrochen, und die Turbulenz wird angeregt. Damit wird das Wasser verwirbelt und über den gesamten Badinhalt konstant temperaturstabil gehalten. Die Besonderheit der Domnick-Gourmet-Thermalisierer besteht unter anderem darin, dass dies ohne Pumpe – also ohne mechanische und drehende Teile – geschieht. Somit entsteht kein Verschleiß.

- Die digitale Zeitsteuerung ist integriert
- Der Gourmet-Thermalsierer ist leicht zu reinigen
- Die Stellfläche ist minimal bei optimalem Volumen

Die Gourmet-Thermalisierer sind in verschiedenen Größen erhältlich. Weitere Größen und Zubehör sind optional erhältlich.

THEORIE

Culatello
mit Melone, Granatapfel und Oxalis

TECHNIK
kaltes Marinieren unter Vakuum

SPEZIALEQUIPMENT
Kammervakuumierer

VERZEHRTEMPERATUR
gekühlt
Fleisch: zimmerwarm

CULATELLO
4 Stangen Zitronengras, 4–8 Scheiben Culatello

Zitronengras von den älteren äußeren Blättern befreien und gründlich waschen. Culatello locker über eine Stange Zitronengras wickeln und abgedeckt beiseitestellen.

MELONE
1 reife Charentais-Melone, Mark von ½ Vanilleschote, 1–2 EL Honig, Saft von 1–2 unbehandelten Zitronen

Melone schälen, vierteln, die Kerne entfernen und das Fruchtfleisch mit den übrigen Zutaten in einen Vakuumbeutel geben und voll vakuumiert für 2 Stunden marinieren. Kurz vor dem Anrichten aus dem Beutel nehmen und in grobe Stücke teilen.

KALTSCHALE
½ reife Wassermelone, ½ reife Charentais-Melone, 1 Granatapfel, ½ Stange Zitronengras, 1 Schale roter Oxalis, ¼ rote Thaichili, heller Balsamico, Saft von 1 unbehandelten Zitrone, 1 Prise Zucker, BASIC textur zum Binden

Melonen schälen und entkernen. Granatapfel mehrmals behutsam über die Arbeitsfläche rollen, damit sich die Kerne im Inneren ein bisschen lösen, halbieren und die einzelnen Kerne herausbrechen. Alle Zutaten zusammen entsaften, passieren und mit Balsamico, Zitronensaft und Zucker abschmecken, ggf. leicht mit BASIC textur binden und abgedeckt kalt stellen. Kaltschale kurz vor dem Servieren für 15 Minuten ins Eisfach stellen.

ANRICHTEN
1 Schale grüne Daikonkresse

Melonenstücke in einem tiefen Teller anrichten, mit der Kaltschale angießen, mit Daikonkresse garnieren und zum Servieren den Culatello-Zitronengras-Spieß aufsetzen.

TIPP
Die Kaltschale kann auch in eine Espuma-Flasche gefüllt und mit Soda-Kapseln begast prickelnd serviert werden.

Bio-Gänseleber
mit Kirsche, Pekannuss und Kapstachelbeeren

TECHNIK	SPEZIALEQUIPMENT	VERZEHRTEMPERATUR
Pacossieren	Pacojet	Leber: zimmerwarm
Trocknen	Dehydrator	Eis: kalt
kaltes Marinieren unter Vakuum	Kammervakuumierer	

GÄNSELEBER

1 Bio-Gänsestopfleber, entnervt, 4 EL Apfelsaft, 1 EL BASIC textur, 1 EL Portwein, 1 TL Rote-Bete-Granulat, ½ TL Cajun-Gewürz, 1 Prise Rohrzucker, 1 EL Macadamiaöl, ½ TL Ducca, ½ TL Meersalz

Gänseleber zusammen mit den restlichen Zutaten in einen Vakuumbeutel geben, voll vakuumieren und für 12 Stunden im Kühlschrank marinieren lassen. Anschließend im Mixer sehr fein pürieren, in einen Spritzbeutel füllen und bis zur Verwendung kalt stellen.

KIRSCHE

700 g Süßkirschen, 100 g Zucker, 3 EL alter Balsamico, 2 EL dehydrierte Kirschen, 3 EL Pflaumenkernöl, 2–3 EL BASIC textur, 1 Prise Tasmanischer Pfeffer

Kirschen gründlich waschen, entsteinen und im Mixer fein pürieren, mit Zucker und Balsamico abschmecken und zusammen mit den restlichen Zutaten in einen Pacojet-Becher geben und für 20 Stunden einfrieren. Pacossieren.

PEKANNUSS

50 g Pekannüsse, 2 EL Muscovado-Zucker, 1 Prise Meersalz, 1 Spritzer heller Balsamico

Pekannüsse grob hacken, mit den restlichen Zutaten gut vermengen und ausgebreitet auf einer Backmatte im Backofen bei 48 °C über Nacht knusprig trocknen.

KIRSCHBAISER

125 ml Kirschsaft, 1 g Xanthan, 1 Prise Zucker, 1 Spritzer Zitronensaft, 10 g Albumin

Kirschsaft mit Xanthan glatt rühren, mit Zucker und Zitrone süß-säuerlich abschmecken und mit dem Albumin in einer Küchenmaschine oder mit dem Handrührgerät steif schlagen. Anschließend die Masse in einen Spritzbeutel geben, auf eine Backmatte in die gewünschte Form spritzen und im Backofen bei 58 °C mindestens 12 Stunden trocknen.

ANRICHTEN

4 Kapstachelbeeren, 1 Schale Tahoon Cress, 2–3 Stängel Bronzefenchel, einige Blätter Frisée, 4 entsteinte Süßkirschen, 4 Veilchenblüten, 4 Gelbe-Bete-Chips, 1 EL gefriergetrocknete Kirschstücke

Kapstachelbeeren waschen, trocken tupfen und in Scheiben schneiden. Kräuter, Salat und Kirschen waschen, trocken tupfen und die Blätter von den Stängeln zupfen. Gänseleber als Punkte auf den Teller dressieren, eine Nocke Kirscheis aufsetzen und mit den restlichen Zutaten ausgarnieren. Sofort servieren.

Limousinlamm

mit Paprika, Wiesenkräutern und Joghurt

Limousinlamm
mit Paprika, Wiesenkräutern und Joghurt

TECHNIK
kaltes und warmes Marinieren
unter Vakuum
Trocknen
Entsaften
Beizen unter Druck

SPEZIALEQUIPMENT
Kammervakuumierer
Entsafter
Dehydrator

VERZEHRTEMPERATUR
mindestens zimmerwarm

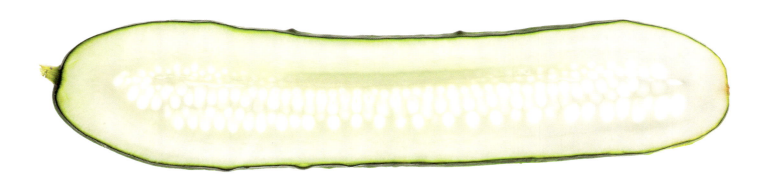

LAMM

2 Rücken vom Limousinlamm, 2 TL Ducca, 1 TL Ras el Hanout (Spirit of Spice), ¼ TL Szechuanpfeffer, Schale von 1 unbehandelten Orange, fein geschnittene Blätter von 2–3 Stängeln Zitronenthymian, 2 TL Meersalz, 1 TL Muscovado-Zucker

Lammrücken von Fett und Sehnen befreien und mit einem Küchenpapier trocken tupfen. Ducca mit Ras el Hanout, Pfeffer, Orangenschale und den Thymianblättern mischen, gleichmäßig von beiden Seiten auf das Fleisch geben und dieses anschließend rundherum mit Meersalz und Zucker bestreuen. Die Lammstücke nebeneinander in einen Vakuumbeutel geben und voll vakuumieren. Das vakuumierte Lammfleisch für mindestens 12–18 Stunden im Kühlschrank marinieren lassen.

PAPRIKA

3–4 rote Spitzpaprika, 3 EL kalt gepresstes Olivenöl aus erster Pressung (natives Olivenöl extra) und etwas zum Abschmecken, ¼ Knoblauchzehe, ¼ rote Thaichili, Schale und Saft von 1 unbehandelten Zitrone, 1 Prise Meersalz, 1 Prise Rohrzucker, BASIC textur zum Binden

Paprika gründlich waschen, trocken reiben und das Kerngehäuse entfernen. Anschließend in grobe Stücke schneiden und zusammen mit den übrigen Zutaten – bis auf den Knoblauch – in einen Vakuumbeutel geben und voll vakuumieren. Die vakuumierte Paprika für 40 Minuten bei 58 °C im Wasserbad marinieren. Anschließend die Paprikastücke aus dem Beutel nehmen und im Dehydrator auf einem Gitter bei 45 °C für 6 Stunden trocknen. Den Knoblauch schälen, in sehr feine Scheiben schneiden und ebenfalls im Dehydrator trocknen. Die Paprika zusammen mit dem Knoblauch entsaften, mit Meersalz, Zitronensaft und etwas Olivenöl kräftig abschmecken und ggf. mit etwas BASIC textur binden. Paprika-creme in eine Squeeze-Flasche füllen und bis zur Verwendung kühl stellen.

WIESENKRÄUTER

4 Stängel Kerbel, 4 Stängel Bronzefenchel, einige Blätter Micro-Amaranth

Kräuter waschen, trocken tupfen, klein zupfen und abgedeckt in einer Schüssel bis zur Verwendung kalt stellen.

GURKE

½ Gartengurke, Schale und Saft von ¼ unbehandelten Zitrone, 1 Prise Meersalz, 1 Prise Zucker

Gurke schälen und auf der Aufschnittmaschine längs in dünne Scheiben schneiden, zusammen mit den restlichen Zutaten voll vakuumieren und für 3 Stunden im Kühlschrank marinieren.

JOGHURT

100 g Joghurt, 1 Msp. Salz, 1 Msp. gemahlener Kreuzkümmel, 1 Spritzer frischer Orangensaft

Den Joghurt mit den restlichen Zutaten glatt rühren und abschmecken. Bis zum Servieren kalt stellen.

ANRICHTEN

3 EL kalt gepresstes Olivenöl (extra), 1 Prise grob gemahlener Langer Pfeffer, 1 Prise Meersalz, 1 Zweig Zitronenthymian, 12 Blätter Micro-Blutampfer, 12 gefriergetrocknete Erbsen

Lamm aus der Marinade nehmen, die Gewürze mit einem Messerrücken abstreichen und das Fleisch mit Olivenöl einreiben. Anschließend in dünne Scheiben schneiden. Gurkenscheiben ebenfalls aus der Marinade nehmen und etwas abtropfen lassen. Alle Zutaten anrichten und mit Pfeffer und Meersalz bestreut servieren.

TIPP

Vor dem Verzehr sollten Sie das Fleisch mindestens 1–2 Stunden aus der Kühlung nehmen, damit sich die Aromen besser entfalten können. Das Lammfleisch hat nach 12–18 Stunden Marinierzeit einen leicht würzigen Geschmack und hinterlässt einen schönen Schmelz am Gaumen. Je länger Sie das Fleisch unter Vakuum marinieren lassen, desto weiter dringen die Gewürze in das Fleisch ein – der Schmelz wird dabei umso zarter.

Carpaccio
vom Bayrischen Wagyu mit Rauke, Tamarillo und Pinienkernen

TECHNIK
Beizen unter Druck
kaltes Marinieren unter Vakuum
Pacossieren
Trocknen

SPEZIALEQUIPMENT
Kammervakuumierer
Pacojet
Dehydrator

VERZEHRTEMPERATUR
zimmerwarm

WAGYU

400 g Wagyu (Lende oder Hüfte), 4 TL Meersalz, 1 TL Muscovado-Zucker, ½ TL gemahlener Kreuzkümmel, ¼ TL gemahlener Macis, ¼ TL gemahlener Sternanis, ¼ TL gemahlener Fenchelsamen, ¼ TL gemahlener Tasmanischer Pfeffer, Olivenöl

Wagyu parieren, von den Sehnen befreien und in den vermischten Gewürzen mehrmals wenden. Anschließend in einen Vakuumbeutel geben und voll vakuumiert für 4 Stunden marinieren. Aus der Marinade nehmen und mit einem Messerrücken die Marinade abstreichen. Zur Lagerung das Fleisch mit etwas Olivenöl erneut in einen Vakuumbeutel geben und voll vakuumieren.

RAUKE

200 g Rauke, 1 EL Olivenöl, 1 Prise Meersalz, 1 Prise Zucker, 1 Spritzer heller Balsamico, 1 Prise zerstoßener schwarzer Pfeffer, 1 Spritzer Zitronensaft

Die Rauke gründlich waschen und zusammen mit den übrigen Zutaten für 15 Minuten in einem Vakuumbeutel voll vakuumiert marinieren.

PINIENKERNE

300 ml Buttermilch, 50 ml Tomatenfond, 4 g Meersalz, 60 g Pinienkerne, 1–2 EL BASIC textur, 1 TL heller Balsamico, 1 TL Honig, 1 TL geriebener Parmesan, ½ TL Dijon-Senf, ½ TL Ducca, 1 Spritzer Zitronensaft

Alle Zutaten in einen Pacojet-Becher geben und für 20 Stunden einfrieren. Anschließend dreimal pacossieren und ruhen lassen, bis sich die Masse wieder verflüssigt hat. Die Masse in eine Espuma-Flasche füllen, mit 2 Stickstoffkapseln befüllen und bis zur Verwendung kalt stellen.

ANRICHTEN

2–3 Radieschen, 1 Prise Ducca, 4 EL Raukepesto, 4 Tamarillo-Chips (siehe Grundrezept S. 195), 1 Prise Meersalz, etwas kalt gepresstes Olivenöl,

Radieschen halbieren, mit einem Trüffelhobel in feine Scheiben hobeln und im Eiswasser kurz knackig halten. Wagyu mit einem scharfen Messer quer zur Faser in feine Scheiben schneiden und locker anrichten. Den Pinienkernschaum in einer Schale anrichten und mit 1 Prise Ducca bestreuen. Rauke und Raukepesto ebenfalls anrichten. Mit Tamarillo-Chips, Meersalz und Olivenöl garniert sofort servieren.

Williams Birne
mit Trauben, Mandel und Lardo

TECHNIK
kaltes Marinieren unter Vakuum
Trocknen
Pacossieren

SPEZIALEQUIPMENT
Kammervakuumierer
Dehydrator
Pacojet

VERZEHRTEMPERATUR
zimmerwarm

BIRNE

1 ½ reife Williams Birnen, 1 EL Zucker, 1 Msp. gemahlene Zimtblüte, 1 Msp. Vanillemark, 1 EL Honig, 1 Spritzer Birnenessig, Birnensaft oder Wasser, 2 reife Aprikosen, BASIC textur zum Binden

Birnen längs vierteln, das Kerngehäuse herausschneiden, bei einer Birne mit einer Nadel die Schale der Birne mehrfach einstechen und zusammen mit der Hälfte des Zuckers, der Zimtblüte, der Vanille, dem Honig, 1 Spritzer Essig und etwas Birnensaft in einen Vakuumbeutel geben und voll vakuumiert für 8 Stunden marinieren. Die Aprikosen zusammen mit den restlichen Zutaten in einem Mixer zu einer Creme pürieren, nochmals würzig abschmecken und abgedeckt bis zum Anrichten im Kühlschrank aufbewahren.

TRAUBEN

8 kernlose rosa Trauben, 1 Spritzer Zitronensaft, 1 Prise Zucker, 4 kernlose schwarze Trauben, 8 goldene Rosinen

Rosa Trauben quer halbieren, mit etwas Zitronensaft und Zucker abschmecken und bei 48 °C im Backofen für 6 Stunden leicht trocknen. Schwarze Trauben quer halbieren und bis zum Anrichten beiseitestellen.

MANDEL

¼ Bd. Minze, ¼ Bd. Melisse, 150 g geschälte Mandeln, 50 ml Birnenpüree, 1 Msp. grüne Thaichili, etwas Rohrzucker, 1 Prise Meersalz

Kräuter gründlich waschen, Blätter vom Stiel zupfen und trocken tupfen. Mandeln 6 Stunden in Wasser einweichen, zusammen mit den übrigen Zutaten in einen Pacojet-Becher geben und für 20 Stunden einfrieren.

LARDO

100 g Lardo

Lardo in dünne Scheiben schneiden und abgedeckt kalt stellen.

ANRICHTEN

4 Blätter Shiso-Kresse, 4 Stücke Mandelkrokant

Birnenstücke aus der Marinade nehmen, halbieren und zusammen mit locker gelegtem Lardo anrichten. Trauben, Aprikosenpüree, Rosinen und Mandelkrokant anrichten und mit Shiso-Kresse garniert servieren.

Kohlrabi
mit Heidschnucke, schwarzem Sesam und Tomate

Kohlrabi
mit Heidschnucke, schwarzem Sesam und Tomate

TECHNIK	SPEZIALEQUIPMENT	VERZEHRTEMPERATUR
kaltes und warmes Marinieren unter Vakuum	Kammervakuumierer	zimmerwarm
Trocknen	Entsafter	
Entsaften	Dehydrator	

KOHLRABI

1 Kohlrabi, 2 EL naturtrüber Apfelsaft, 1 TL Honig, ½ Stängel Bohnenkraut, ¼ TL Meersalz, 1 Spritzer heller Balsamico, 1 Spritzer Zitronensaft

Kohlrabi schälen und in Segmente schneiden (4,5 x 2,5 x 0,3 cm). Zusammen mit den restlichen Zutaten mischen und nebeneinander in einen Vakuumbeutel geben und voll vakuumieren. Den Kohlrabi im Wasserbad bei 58°C für 50 Minuten marinieren und im Eiswasser abkühlen lassen. Anschließend mindestens einen Tag gekühlt marinieren lassen.

HEIDSCHNUCKE

2 Heidschnuckenrückenfilets, 50 ml Buttermilch, 4 TL Ducca, 2 TL Meersalz, 1 TL Muscovado-Zucker, ¼ TL gemahlener Tasmanischer Pfeffer, ¼ TL gemahlener Macis, 1 EL Sesamöl, einige Thymianblätter

Heidschnucken von Fett und Sehnen befreien und mit einem Küchenpapier trocken tupfen. Die Heidschnucken nebeneinander zusammen mit den restlichen Zutaten in einen Vakuumbeutel geben und voll vakuumieren. Das vakuumierte Fleisch für mindestens 18 Stunden gekühlt marinieren lassen.

SCHWARZER SESAM

50 g schwarzer Sesam, 1–2 Knoblauchchips (siehe Grundrezept S.192), 1 Prise Meersalz, 5–6 EL Sesamöl, 1 Spritzer Selleriefond (siehe Grundrezept S.195) oder Wasser, 1 Spritzer Zitronensaft

Alle Zutaten in einem Mixer fein zu einer Paste verarbeiten und bis zur Weiterverarbeitung beiseitestellen.

TOMATE

1 rote Paprika, 1 kleine weiße Zwiebel, 2–3 sehr reife Tomaten, 5 Kirschtomaten, 1 Prise Rohrzucker, 1 Prise Meersalz, kalt gepresstes Olivenöl, 1–2 Stängel Bohnenkraut, ¼ fein gehackter Knoblauch, ¼ rote Thaichili, 1 Spritzer Zitronensaft

Paprika gründlich waschen, trocken tupfen, entkernen und in grobe Stücke schneiden. Zwiebel schälen und ebenfalls in grobe Stücke schneiden. Tomaten gründlich waschen, trocken tupfen und in grobe Stücke schneiden. Kirschtomaten vierteln und mit Zucker, Meersalz, Olivenöl und einigen der gezupften Kräuter vermischen. Anschließend im Dehydrator bei 42 °C für 12 Stunden trocknen. Paprika, Zwiebel und Tomaten mit den restlichen Zutaten mischen und ebenfalls im Dehydrator bei 42 °C für 12 Stunden trocknen. Die Paprika-Tomaten-Zwiebel-Mischung entsaften, passieren und ggf. mit Zitronensaft und etwas Meersalz kräftig abschmecken. Bei Bedarf mit etwas Olivenöl montieren. Bis zur Weiterverarbeitung beiseitestellen.

ANRICHTEN

Borage Cress, 2–3 EL Joghurt, 1 EL Sesamöl, Ducca, 1 Prise Meersalz, 1 Prise Tasmanischer Pfeffer

Die Heidschnucken aus der Marinade nehmen, mit einem Küchenpapier trocken tupfen und in dünne Scheiben schneiden. Kohlrabi ebenfalls aus der Marinade nehmen und etwas abtropfen lassen. Sesampaste mit einer Winkelpalette oder einem flachen Pinsel aufstreichen. Heidschnucke schichtweise mit dem Kohlrabi darauf anrichten. Joghurt, Tomatenfond, Kirschtomaten und Kresse ebenfalls anrichten. Mit Sesamöl, Ducca, Meersalz und Pfeffer ausgarnieren und servieren.

TIPP

Übrige Sesampaste kann in einem Einmachschraubglas voll vakuumiert für längere Zeit im Kühlschrank gelagert werden.

Wasserkresse-Smoothie
mit Apfel, Joghurt und gebeiztem Rind

TECHNIK	SPEZIALEQUIPMENT	VERZEHRTEMPERATUR
Trocknen	Dehydrator	gekühlt oder zimmerwarm
Entsaften	Entsafter	
kaltes Garen	Kammervakuumierer	
Beizen unter Druck		

WASSERKRESSE

200 g Wasserkresse, 1 Bd. Kerbel, 100 g Spinat, 1 Bd. Staudensellerie, 3 Äpfel, 1 Gartengurke, ½ Avocado, 1 reife Mango, 2 EL Cashewkerne, Saft von 1 unbehandelten Zitrone, 1–2 EL Honig, 1–2 EL Joghurt, 1 Prise Meersalz

Wasserkresse, Kerbel, Spinat und Staudensellerie gründlich waschen und entsaften, beiseitestellen. Äpfel, Gurke, Avocado und Mango schälen. Aus Mango, Avocado und Äpfeln das Kerngehäuse entfernen. Die Äpfel zusammen mit der Gurke ebenfalls entsaften. Mango- und Avocadofleisch zusammen mit den Cashewkernen, etwas Zitronensaft und Honig sehr fein und schnell pürieren, ggf. nach und nach etwas Apfel-Gurken-Sud zugeben, damit genügend Flüssigkeit zum feinen Pürieren vorhanden ist. Anschließend 2/3 des grünen Saftes zur pürierten Mango-Nuss-Masse geben und mit dem restlichen Apfel-Gurken-Sud glatt rühren. Mit Joghurt, Honig, Meersalz und Zitronensaft abschmecken. Den übrigen grünen Saft ebenfalls abschmecken.

RIND

100 g Rinderfilet, 4 Sternanis, ½ TL Fenchelsamen, ½ TL Koriandersamen, ½ TL Kreuzkümmel, ¼ TL Szechuanpfeffer, etwas getrocknete Bird-Eye-Chili, 1 ½ TL Meersalz, ½ TL Rohrzucker, Olivenöl

Rinderfilet mit Küchenpapier trocken tupfen, von Fett und Sehnen befreien und längs in 2 Stränge schneiden. Die Gewürze in einem Mörser grob zerstoßen und vermengen. Rinderfiletstränge in der Gewürzmischung panieren, fest in eine Klarsichtfolie einrollen, nebeneinanderliegend in einen Vakuumbeutel geben und für 10–12 Stunden marinieren. Das Rinderfilet aus dem Vakuumbeutel nehmen und die Gewürze mit einem Messerrücken abstreifen. Mit etwas Olivenöl in einen Vakuumbeutel geben, voll vakuumieren und für etwa 30 Minuten lagern. Das Rinderfilet aus dem Vakuumbeutel nehmen und dünn quer zur Faser aufschneiden.

GARNITUR

1 rote Paprika, 1 EL Zucker, 1 Spritzer Limettensaft, 1 Spritzer Limonenöl, etwas Meersalz

Paprika gründlich waschen und mit einem Gemüseschäler schälen. Die Schale grob zupfen, das Fleisch fein würfeln und mit den restlichen Zutaten mischen. Schale und Würfel getrennt auf eine Backmatte geben und im Dehydrator für mindestens 12 Stunden bei 58 °C knusprig trocknen.

ANRICHTEN

4 Spieße, etwas Meersalz, Paprikachips (Grundrezept S. 193)

Den Smoothie in Gläser füllen und mit dem Wasserkresse- Sellerie-Sud behutsam bedecken. Rinderfiletscheiben locker über die Spieße legen und mit etwas Meersalz würzen. Die Paprikawürfel als Einlage verwenden und mit Paprikachips garniert direkt servieren.

Gurkenmaki
mit Herford Prime Beef, Sauerkraut und Sprossen

TECHNIK
nicht erforderlich

SPEZIALEQUIPMENT
Aufschnittmaschine

VERZEHRTEMPERATUR
zimmerwarm

GURKE

1 Gartengurke

Gurke gründlich waschen und auf einer Aufschnittmaschine längs in 0,3 cm breite Scheiben schneiden. Die Scheiben in 2 x 8 cm große Stücke schneiden, dabei jeweils darauf achten, dass die Schale der Gurke erhalten bleibt.

HERFORD PRIME BEEF

100 g Herford Prime Beef, 1 Spritzer Sojasauce, 1 Prise Meersalz, 1 Spritzer Sesamöl

Rindfleisch zunächst quer zur Faser in Scheiben schneiden, anschließend würfeln und mit den übrigen Zutaten abschmecken. Das Tatar in einer Klarsichtfolie zu einer 0,6 cm dicken Rolle drehen, mit einem scharfen Messer in 2 cm große Stücke schneiden und bis zur Verwendung abgedeckt beiseitestellen.

SAUERKRAUT

2 EL Mayonnaise (siehe Grundrezept S. 193), 2 EL Sauerkrautsaft, 1 EL Frischkäse, 1 Prise Meersalz, 1 Prise Zucker, 1 Prise Bird-Eye-Chilipulver

Alle Zutaten zusammen zu einer glatten Creme rühren und in einem Spritzbeutel bis zur Verwendung im Kühlschrank aufbewahren.

SPROSSEN

200 g gekeimter Sprossenmix, 1 TL Joghurt, 1 Spritzer Zitronensaft, 1 Spritzer Sojasauce, 1 Prise Meersalz

Alle Zutaten behutsam miteinander mischen, abschmecken und bis zur Verwendung beiseitestellen.

ANRICHTEN

1 Schale Mustard Cress, einige Knoblauchchips (siehe Grundrezept S. 192)

Aus allen Zutaten die Gurkenmakis herstellen und mit Sauerkrautmayo, Mustard Cress und Knoblauchchips ausgarniert servieren.

TIPP

Wenn die Gurke noch zu fest ist und sich nicht richtig rollen lässt, können Sie die Scheiben für 1 Stunde in einem voll vakuumierten Beutel marinieren lassen.

FISCH

Austernshot
mit Tomate, Passepierre und Monkeys Gin

TECHNIK
nicht erforderlich

SPEZIALEQUIPMENT
nicht erforderlich

VERZEHRTEMPERATUR
gekühlt

SHOT

4 Austern (Sylter Royal), 1 Stange Staudensellerie, 1 Stange Frühlingszwiebel, 1 EL sehr fein geschnittene Passepierre, ¼ Gurke, ¼ rote Paprika, 1 kleines Stück Krachai (japonischer Ingwer), ½ sehr fein gehackte rote Thaichili, ½ Schale Daikonkresse

Austern aufbrechen, das Fleisch behutsam vom Muskel trennen und aus der Schale in ein Sieb heben. Dabei das Austernwasser auffangen. Die Austern von evtl. Schalenresten befreien und im Austernwasser abgedeckt beiseitestellen. Staudensellerie und Frühlingslauch gründlich waschen und quer in sehr feine Scheiben schneiden. Gurke und Paprika gründlich waschen und in sehr feine Würfel schneiden. Krachai schälen und in sehr feine Scheiben schneiden. Daikonkresse zupfen und alle Zutaten zu gleichen Teilen in die Shot-Gläser verteilen.

FLÜSSIGKEIT

1 Spritzer Monkeys 47 Gin, 120 ml Tomatenfond (siehe Grundrezept S. 196), 100 ml Austernwasser, 120 ml Gurkenfond (siehe Grundrezept S. 190), Saft von ½ Zitrone, 1 Prise Meersalz

Fond würzig und erfrischend abschmecken und angießen.

ANRICHTEN

1 Emulzoon, etwas Zitronenpfeffer

Etwas Fond mit Emulzoon und einem Stabmixer schaum mixen, aufsetzen und mit Zitronenpfeffer garniert servieren.

TIPP

Mit etwas Tonic Water abgeschmeckt bekommt dieser Shot eine tolle Frische.

Matjes
mit Sprossen, Zwiebelkompott und Roter Bete

TECHNIK
kaltes Marinieren unter Vakuum
Entsaften
Schäumen

SPEZIALEQUIPMENT
Kammervakuumierer
Entsafter
Espuma-Flasche

VERZEHRTEMPERATUR
zimmerwarm

MATJES

3–4 Matjesfilets, Rapsöl zum Bestreichen

Matjesfilets trocken tupfen und in 12 gleich große Stücke schneiden, mit Rapsöl bestreichen und beiseitestellen.

SPROSSEN

50 g gekeimte Linsensprossen, 50 g gekeimte Zwiebelsprossen, 50 g gekeimte Radieschensprossen, 3 EL Joghurt, 1–2 EL Weizenkeimöl, 1 EL fein geriebener Meerrettich, etwas Meersalz, 1 Spritzer heller Balsamico, 1 Prise Zucker

Aus allen Zutaten einen Sprossensalat zubereiten und bis zur Verwendung beiseitestellen.

ZWIEBELKOMPOTT

½ rote Zwiebel, 1 TL Zucker, 1 TL heller Balsamico, 1 Prise Meersalz

Zwiebel schälen und in sehr feine Würfel schneiden. Zusammen mit den übrigen Zutaten in einen Vakuumbeutel geben und voll vakuumiert für mindestens 3–4 Stunden marinieren.

ROTE BETE

2 Rote Beten, ½ Schale roter Oxalis, 10 g Meerrettich, 1 ½ Rote-Bete-Granulat, ½ Apfel (Braeburn), 2 EL Joghurt, 1 EL Rapsöl, 1 TL Rohrzucker, 1 Spritzer heller Balsamico, 1 Prise Kreuzkümmel, etwas Meersalz, etwas BASIC textur zum Binden

Rote Bete schälen, vierteln und zusammen mit Oxalis, Meerrettich und dem Apfel entsaften. Mit den übrigen Zutaten würzig abschmecken und leicht fließend binden. In eine Espuma-Flasche füllen und mit 1–2 Stickstoffpatronen befüllen.

ANRICHTEN

3 EL Joghurt, 1 Spritzer Zitronensaft, 12 Stücke Leinsamentrockant, 12 Tahoon Cress, 1 Prise Meersalz, 1 Prise Tasmanischer Pfeffer, 1 EL Marillenkernöl,

Joghurt mit etwas Zitronensaft glatt rühren und in eine Squeeze-Flasche füllen. Sprossensalat zu je 3 kleinen Nestern formen, Matjesstücke daraufsetzen und mit Tahoon Cress, Meersalz und Tasmanischem Pfeffer bestreuen. Joghurt und Rote-Bete-Schaum jeweils in die Zwischenräume der Matjesstücke setzen und mit etwas Marillenkernöl beträufelt servieren.

Thunfisch
mit Papaya, Mango und Passionsfrucht

TECHNIK
kaltes Marinieren unter Vakuum

SPEZIALEQUIPMENT
Kammervakuumierer
Sqeeze-Flaschen

VERZEHRTEMPERATUR
Fisch: zimmerwarm
Früchte: gekühlt

THUNFISCH

400 g Maguro Thunfisch (Mittelstück), super Sashimi

Den Thunfisch mit einem Küchentuch trocken tupfen und in 4 x 2 x 1 cm große Stücke schneiden.

PAPAYA, MANGO, AVOCADO

¼ große Papaya, 1 Thaimango, 1 Avocado (Fuerte), Saft von 1 unbehandelten Zitrone, 1 Prise Kokosblütenzucker, 1 Prise Meersalz, 1 Msp. sehr fein gehackte rote Thaichili

Papaya, Thaimango und Avocado schälen und in 1 x 1 cm große Stücke schneiden. Papayastücke mit Zitronensaft und Kokosblütenzucker marinieren, nebeneinander in einen Vakuumbeutel geben und voll vakuumieren. Den Abschnitt der Papaya aufheben und beiseitestellen. Mit der Mango identisch verfahren und ebenfalls den Abschnitt aufbewahren. Die Avocado mit Meersalz, Thaichili und Zitronensaft in einen Vakuumbeutel geben und voll vakuumieren. Alle drei Zutaten für mindestens 2 Stunden gekühlt marinieren. Die Papayastücke mit einem Stabmixer fein pürieren und später mit dem Marinierfond der Papaya abschmecken.

PASSIONSFRUCHT

Mangoabschnitte, passierter Saft von 2 Passionsfrüchten, 1 Prise Kokosblütenzucker, ½ Bd. frischer Koriander, 1 Msp. sehr fein gehackte rote Thaichili, 1 Prise Rohrzucker, BASIC textur zum Binden

Die Mangoabschnitte mit etwas Passionsfruchtsaft und Kokosblütenzucker abschmecken und mit einem Stabmixer sehr fein pürieren. Den übrigen Saft der Passionsfrucht mit gezupftem frischen Koriander, Thaichili und Zucker sehr fein pürieren. Beide Pürees ggf. mit BASIC textur binden, in Squeeze-Flaschen füllen und bis zur Verwendung kalt stellen.

DRESSING

3 EL Yuzusaft, 1 EL Zitronenöl, 1 EL Erdnussöl, 1 Spritzer Mirin, 1 Prise Meersalz, ½ TL Erdnüsse

Aus allen Zutaten mit einem Stabmixer ein homogenes Dressing herstellen.

ANRICHTEN

einige Blätter grüne und rote Shiso-Kresse, ½ rote Thaichili, einige Stücke Erdnusskrokant

Shiso-Kresse zupfen und waschen. Thaichili in sehr feine Ringe schneiden. Die Früchte und die Avocado aus der Marinade nehmen und abwechselnd auf einer Sushi-Platte anrichten, den Sud der Mango in das Dressing montieren. Mit Koriander-, Mango- und Papayacreme ausgarnieren. Thunfisch ebenfalls auf der Platte anrichten und mit etwas Meersalz bestreuen. Erdnusskrokant, Dressing, Shiso-Kresse und Chili anrichten und sofort servieren.

Dorade
mit Thaispargel, Chorizo und Erdnuss

TECHNIK	SPEZIALEQUIPMENT	VERZEHRTEMPERATUR
kaltes Marinieren unter Vakuum Trocknen	Kammervakuumierer Dehydrator	zimmerwarm

DORADE

1–2 Doraden

Dorade ausnehmen, filetieren, von der Haut ziehen und säubern. In ein Küchenpapier gewickelt bis zur Verwendung abgedeckt kühl stellen.

THAISPARGEL

8 Stangen Thaispargel, 1 EL Bergamottesaft, 1 TL Zucker, 1 TL kalt gepresstes Olivenöl, 1 Prise Meersalz

Den Spargel gründlich waschen und vom holzigen Ende befreien, längs halbieren und mit einer Nadel mehrfach einstechen. Anschließend mit den restlichen Zutaten in einen Vakuumbeutel geben und voll vakuumiert mindestens 12 Stunden gekühlt marinieren.

CHORIZO

150 ml Paprikafond aus getrockneter Paprika (siehe Grundrezept S. 194), 150 g scharfe Chorizo, 2 Knoblauchchips (siehe Grundrezept S. 192), 1 Spritzer Fischsauce, etwas Emulzoon

Den Paprikafond auf 40 °C erwärmen. Die Chorizo schälen und in grobe Stücke schneiden. Zusammen mit Knoblauchchips und Fischsauce in einem Mixer pürieren. Die Masse durch ein Superbag oder Passiertuch pressen, den Saft auffangen und nochmals auf 40 °C erwärmen und würzig abschmecken. Mit Emulzoon wie angegeben aufmixen und beiseitestellen.

PAPRIKA

1 Spitzpaprika, 1 Prise Zucker, 1 Spritzer Bergamottensaft, 1 Prise Meersalz

Die Paprika gründlich waschen und quer sehr dünn aufschneiden. Mit Zucker, Bergamotte und Meersalz abschmecken und im Dehydrator bei 48 °C für 18 Stunden knusprig trocknen.

ANRICHTEN

2 Zehen fermentierter Knoblauch, 10 ml Tomatenfond aus getrockneten Tomaten (Grundrezept S. 196), 20 ml Paprikafond aus getrockneter Paprika (Grundrezept S. 194), 5 EL gefriergetrocknete Paprika, 2 EL Erdnusspaste (Grundrezept S. 190), 1–2 EL kalt gepresstes Olivenöl, 1 Zweig Zitronenthymian, BASIC textur zum Binden

Knoblauch in kleine Stücke schneiden. Tomatenfond, Paprikafond und gefriergetrocknete Paprika sehr fein pürieren, mit Olivenöl montieren und würzig abschmecken, ggf. mit BASIC textur binden. Die Dorade in gleichmäßige Stücke schneiden. Den Spargel aus der Marinade nehmen und zusammen mit der Dorade anrichten. Den Chorizosaft zu einem stabilen Schaum mixen und zusammen mit den restlichen Zutaten anrichten. Mit getrockneter Paprika und Thymianblättchen ausgarnieren und sofort servieren.

Calamaretti
mit Tomate, Avocado und Pinienkernen

Calamaretti
mit Tomate, Avocado und Pinienkernen

TECHNIK
nicht erforderlich

SPEZIALEQUIPMENT
nicht erforderlich

VERZEHRTEMPERATUR
Fisch: zimmerwarm
Brühe: eisgekühlt oder angewärmt

CALAMARETTI

6 Calamaretti, 1 Prise Meersalz, kalt gepresstes Olivenöl

Calamaretti häuten, den Kopf und alle Innereien entfernen, das durchsichtige Fischbein ziehen und unter fließendem Wasser gründlich säubern und trocken tupfen. Die Calamaretti umdrehen und kreuzförmig einschneiden, zum Füllen wieder auf die Außenseite drehen. Mit Meersalz und Olivenöl marinieren.

FÜLLUNG

1 Bd. Koriander, 200 g Pinienkerne, ½ Tasse getrocknete Tomaten, 2–3 EL kalt gepresstes Olivenöl, ¼ TL sehr fein gewürfelter Ingwer, 1 Msp. sehr fein gehackte Thaichili, 5 fein zerstoßene Knoblauchchips (siehe Grundrezept S. 192), 1 EL geriebener Parmesan, 1 fein gewürfelte Schalotte, ½ Tasse gehäutete, entkernte feine Tomatenwürfel, 1 Prise Meersalz, 1 Prise Zucker, 1 Spritzer Limettensaft

Koriander gründlich waschen und trocken tupfen. Pinienkerne zusammen mit dem Koriander fein hacken. Getrocknete Tomaten fein würfeln. Einen Teil der Pinienkerne in einem Mörser zusammen mit dem Olivenöl, Ingwer, Thaichili und Knoblauchchips zu einer Paste mahlen. Die restlichen Zutaten unterheben. Die fertige Masse in einen Spritzbeutel füllen und die Calamaretti damit füllen. Einzelne Calamaretti eng mit Folie einwickeln und an den Enden zudrehen, anschließend kalt stellen.

AVOCADO

1–2 Avocado (Hass), 1 EL Zitronenöl, Saft von ¼ Limette, etwas Bird-Eye-Chili, 1 Prise Meersalz

Avocado halbieren, entkernen und von der Schale lösen. Avocadofleisch zusammen mit den restlichen Zutaten in einem Mixer pürieren und säuerlich abschmecken.

FOND

1 kleines Stück Kombu, 200 ml Tomatenfond (siehe Grundrezept S. 196), 1 Prise Meersalz, 1 Spritzer heller Balsamico, 1 Spritzer Zitronensaft, 1 Spritzer Mirin, 1 Spritzer Sake

Kombu im Tomatenfond für 4 Stunden ziehen lassen. Tomatenfond mit den restlichen Zutaten kräftig abschmecken und bis zur Verwendung abgedeckt kühl stellen.

ANRICHTEN

2 grüne Tomaten, 1 Schale Daikonkresse, 1 Schale Rock Chives, Tasmanischer Pfeffer

Aus jeder Calamaretti-Tube quer 2 gleichmäßige Scheiben schneiden und die Folie entfernen. Grüne Tomaten längs halbieren und in 12 halbe Scheiben schneiden. Avocadocreme mittig auf einen tiefen Teller platzieren, 3 Tomatenscheiben und 3 Calamaretti-Stücke im Wechsel darauf errichten. Die Zwischenräume mit Daikonkresse, Rock Chives und Tasmanischem Pfeffer garnieren. Tomatenbrühe angießen und servieren.

TIPP

Wenn Ihnen die Füllung zu trocken erscheint, können Sie etwas Tomatenfond zugeben, doch bedenken Sie, dass dieser Fond sich auch noch auf Ihrem Teller befindet. Die Avocadocreme können Sie auch vorbereiten, in einen Spritzbeutel füllen und die Kerne als Antioxidans zufügen, voll vakuumiert hält die Creme mindestens 2 Tage, ohne sich zu verfärben.

Makrele, geraucht,
mit Paprika, Romanesco und Mandel

TECHNIK	SPEZIALEQUIPMENT	VERZEHRTEMPERATUR
kaltes Marinieren unter Vakuum	Kaltvakuumierer	zimmerwarm
Kalträuchern	Rauchpfeife	
Schäumen	Espuma-Flasche	
Rösten	Bunsenbrenner	

MAKRELE

1 Makrele, 1 Zweig Rosmarin, 2 EL Olivenöl, 1–2 Scheiben zerstoßene Knoblauchchips (siehe Grundrezept S. 192), ½–1 TL Meersalz, ¼–½ TL Zucker, Räuchermehl

Makrele ausnehmen, filetieren, sauber von der Haut ziehen, gründlich waschen und mit einem Küchenpapier trocken tupfen. Rosmarinnadeln vom Strunk befreien, waschen und fein schneiden. Makrelenfilets zusammen mit den restlichen Zutaten bis auf das Räuchermehl in eine Espuma-Flasche geben. Mit einer Rauchpfeife etwas Rauch in die Flasche geben und sofort verschließen. Mit 2 Stickstoffkapseln begasen und 3–4 Stunden gekühlt marinieren.

PAPRIKA

1 rote Paprika, 1 gelbe Paprika, ½ TL Misopaste, 1 Prise Meersalz, 1 Spritzer Reisessig, 1 Spritzer Zitronensaft

Die Paprika mit einem Bunsenbrenner rundherum schwarz anbrennen und die verbrannte Schale unter fließendem Wasser entfernen. Paprika halbieren, entkernen und in kleine Würfel schneiden. Die Paprikawürfel zusammen mit den restlichen Zutaten in einen Vakuumbeutel geben, voll vakuumieren und bei 58 °C für 25 Minuten im Wasserbad marinieren. Die Paprikawürfel anschließend im Eiswasser herunterkühlen und bis zur Verwendung kühl lagern.

ROMANESCO

¼ Romanesco, 1 Prise Meersalz, Saft und Abrieb von ½ unbehandelten Zitrone, 1 Spritzer Fischsauce

Den Romanesco gründlich waschen und mit einer feinen Microplane-Reibe reiben. Mit Meersalz, Zitronensaft, Abrieb und Fischsauce abschmecken und direkt anrichten.

MANDEL

2 Noriblätter, 150 ml Tomatenfond, 150 g geschälte Mandeln, 1 Spritzer Limonensaft, 1 Prise Meersalz

Noriblätter waschen, trocken tupfen, fein schneiden und im Tomatenfond einweichen. Mandeln 6 Stunden im Wasser einweichen. Anschließend abspülen und zusammen mit den restlichen Zutaten in einen Pacojet-Becher geben und für 20 Stunden einfrieren. Bei Bedarf 2 Mal pacossieren.

300 ml Tomatenfond (siehe Grundrezept S. 196), 40 ml kalt gepresstes Olivenöl (extra), 2–3 Tropfen Chilisaft, BASIC textur zum Binden, 1 kleine rote Zwiebel, feine Ringe, einige Blätter Micro-Blutampfer, 1 Prise Tasmanischer Pfeffer

Mandel-Nori-Creme mittig auf einem tiefen Teller anrichten. Paprikagemüse aus der Marinade nehmen, abtropfen lassen und ebenfalls anrichten. Tomatenfond mit Olivenöl, Chilisaft und Meersalz montieren, abschmecken, ggf. mit BASIC textur leicht binden und etwas Fond angießen. Zwiebel schälen und in feine Ringe schneiden. Makrele abgetupft aufsetzen, mit Romanesco, Zwiebel und Blutampfer ausgarnieren. Etwas Tasmanischen Pfeffer auf den Tellerrand geben und servieren.

Süßwassergarnele
mit grüner Tomate, Paprika und Vulcano Speck

TECHNIK
Verkapselung
Herstellung von Sphären

SPEZIALEQUIPMENT
50-ml-Spritze

VERZEHRTEMPERATUR
zimmerwarm

SÜSSWASSERGARNELEN

4 Süßwassergarnelen, 16 sehr dünne Scheiben luftgetrockneter Speck (Vulcano), 2 EL Olivenöl, 1 Prise Meersalz

Garnelen aufbrechen, Darm entfernen und mit den Speckscheiben dünn einwickeln. Mit etwas Olivenöl und Meersalz bestreichen und jede Garnele fest in eine Klarsichtfolie wickeln. Bis zur Weiterverarbeitung kühl stellen.

GRÜNE TOMATEN

3 grüne Tomaten, 2 reife Tomaten, ½ Knoblauchzehe, 1 Prise Meersalz, 1 Prise Zucker, 1 Msp. fein gehackte rote Thaichili, 2 Stängel Zitronenthymian, Algizoon Stammlösung, Olivenöl zum Montieren, Guarkernmehl zum Binden, 500 ml Calazoon Stammlösung

Tomaten waschen. Aus den grünen Tomaten insgesamt 4 ca. 2 cm dicke Scheiben schneiden, die restlichen Tomaten mit dem Knoblauch, Meersalz, Zucker, Thaichili und gezupften Thymianblättern grob mixen und durch ein sehr feines Tuch passieren. Den weißen Tomatensaft kräftig abschmecken und 2/3 mit etwas Algizoon Stammlösung binden, sodass die Masse homogen vom Löffel läuft. Den restlichen Tomatensud mit etwas Olivenöl montieren und ggf. mit Guarkernmehl leicht binden. Calazoon Stammlösung in eine Schüssel geben. Die Tomaten-Algizoon-Masse in die Spritze füllen und in das Calazoon-Bad tropfen lassen, dabei verkapseln die Tropfen sofort. Den Tomatenkaviar zügig mit einem Sieblöffel aus dem Calazoon-Bad heben und sofort in einem klaren Wasserbad spülen.

PAPRIKA

1 rote Paprika, 1 gelbe Paprika, 1 Prise Meersalz

Die Paprika waschen, halbieren, putzen und in feine Würfel schneiden. Paprikawürfel mit etwas Tomatendressing (s.o.) marinieren und ggf. mit etwas Meersalz würzen.

ANRICHTEN

etwas rote Paprikacreme, etwas gelbe Paprikacreme (siehe Grundrezept S. 193), 2 Zweige Bohnenkraut, 1–2 Zehen fermentierter Knoblauch in Scheiben

Garnelen mit der Folie quer in jeweils 3 Stücke schneiden, Folie abziehen und anrichten. Grüne Tomatenscheiben anrichten und üppig mit dem Tomatenkaviar versehen. Einige Tupfer Paprikacreme, Paprikawürfel ebenfalls anrichten. Mit Bohnenkraut, Knoblauch und Tomatendressing garnieren und servieren.

Regenbogenforelle

mit Fenchel, Karottenduftreis und Granatapfel

Regenbogenforelle
mit Fenchel, Karottenduftreis und Granatapfel

TECHNIK
kaltes Marinieren unter Vakuum
Trocknen
Pacossieren

SPEZIALEQUIPMENT
Kammervakuumierer
Dehydrator
Pacojet
Aufschnittmaschine

VERZEHRTEMPERATUR
gekühlt oder erwärmt

REGENBOGENFORELLE

1 Regenbogenforelle, 200 ml Buttermilch, 1 Prise Meersalz, 1 Prise Zucker, 1 Spritzer Zitronensaft, 3–4 Fenchelblätter (der grüne Teil des Fenchels), 2 EL Selleriepulver, 1 EL Sea of Spices

Forelle ausnehmen, filetieren, Gräten ziehen und gründlich waschen. Anschließend die Forelle von der Haut ziehen und sämtliche Fettreste entfernen. Buttermilch mit Meersalz, Zucker, Zitronensaft, Fenchelgrün und Selleriepulver kräftig abschmecken. Die Forellenfilets zusammen mit der Buttermilch in einen Vakuumbeutel geben und voll vakuumiert mindestens 6–8 Stunden gekühlt marinieren.

FENCHEL

2–3 Fenchelknollen, Saft und Abrieb von 2 unbehandelten Orangen, 1 Prise Meersalz, etwas Honig

Fenchel von den äußeren Blättern befreien, gründlich waschen und längs auf einer Aufschnittmaschine dünn aufschneiden. Mit den restlichen Zutaten gestapelt in einen Vakuumbeutel geben und voll vakuumiert für 6–8 Stunden gekühlt marinieren.

KAROTTEN

3 Karotten, 3 EL Duftreis, Saft von 1–2 Orangen, 1 Prise Meersalz, etwas Honig, 1 Msp. Vanillemark, 1 Msp. fein gehackte rote Thaichili, 1 Spritzer Reisessig, 1 Prise Vadouvan

Karotten schälen, in feine Würfel schneiden und zusammen mit den restlichen Zutaten in einen Vakuumbeutel geben und voll vakuumiert bei 58 °C im Wasserbad für 45 Minuten marinieren. Nach dem Marinieren in einen Pacojet-Becher geben und für mindestens 18 Stunden einfrieren. Anschließend mindestens einmal pacossieren.

KUMQUAT

3–4 Kumquats, 4 EL Rohrzuckersirup oder Läuterzucker

Kumquats gründlich waschen und quer sehr dünn auf der Aufschnittmaschine aufschneiden. Die Kumquatscheiben einzeln durch den Rohrzuckersirup ziehen und auf einer Backmatte nebeneinander platzieren. Die Kumquatscheiben im Dehydrator mindestens 18 Stunden bei 48 °C trocknen, bis sie knusprig sind.

ANRICHTEN

ein ge Granatapfelkerne, 3–4 Stängel Bronzefenchel, 4 Blätter grüne Oxalis, 1 Prise zerstoßener Szechuanpfeffer

Die Forelle aus der Marinade nehmen, waschen, auf Küchenpapier trocken tupfen und in gleichmäßige Stücke schneiden. Die Karotten-Reis-Creme flächig auf den Tellerboden streichen. Forelle und Fenchel darauf anrichten. Mit Granatapfel, Kumquat, Bronzefenchel, Oxalis und Pfeffer garnieren und servieren.

Sylter Royal
mit Kaki, Trüffel und Pata Negra

TECHNIK
kaltes Marinieren unter Vakuum

SPEZIALEQUIPMENT
Kammervakuumierer

VERZEHRTEMPERATUR
gekühlt oder erwärmt

SYLTER ROYAL

4 Austern (Sylter Royal)

Austern aufbrechen, das Fleisch behutsam vom Muskel trennen und aus der Schale in ein Sieb heben. Dabei das Austernwasser auffangen. Die Austern von möglicher Schalenresten befreien und im Austernwasser abgedeckt beiseitestellen.

KAKI

1 reife Kaki, 1 TL Rohrzucker, Saft von ½ Zitrone

Kaki schälen, kreisrund ausstechen (6 cm Durchmesser) und in 1 cm dicke Scheiben schneiden. Zusammen mit den restlichen Zutaten in einen Vakuumbeutel geben, voll vakuumieren und für 24 Stunden gekühlt marinieren.

SCHAUM

4 EL Tomatenfond (siehe Grundrezept S. 196), 2 EL Gurkenfond (siehe Grundrezept S. 190), 2 EL Bergamottesaft, 1 EL Monkeys Gin, Austernwasser (siehe oben), etwas Emulzoon, 1 Prise Meersalz

Alle Zutaten vermengen und würzig abschmecken. Mit Emulzoon (laut Packungsangabe) zu einem stabilen Schaum aufschlagen.

ANRICHTEN

1 Schale Borage Cress, 1 kleiner Trüffel, etwas Pata Negra

Die Kresse zupfen und den Trüffel dünn hobeln. Pata Negra in dünne Streifen schneiden. Kaki aus der Marinade holen und mittig auf einem tiefen Teller anrichten. Die Auster darauf platzieren. Mit Trüffel, Borage Cress, Pata Negra und Austernwasserschaum ausgarnieren und sofort servieren.

TIPP

Dieses Gericht bietet viele Möglichkeiten, Sie können die Auster auch kurz kalt räuchern oder die Kaki durch Tamarillo ersetzen.

Karottensud

mit Pea Shoots, Jakobsmuschel und Kokos

TECHNIK
kaltes Marinieren unter Vakuum
Entsaften

SPEZIALEQUIPMENT
Kammervakuumierer
Entsafter

VERZEHRTEMPERATUR
Fisch: zimmerwarm
Brühe: eisgekühlt oder angewärmt

KAROTTENSUD

12 Karotten, 4 Clementinen, 1 Stängel Zitronengras, 100 ml Kokoswasser, ½ Limette, ¼ rote Thaichili, 1 EL Mirin, 5 g Ingwer, 1 Prise Meersalz, Guarkernmehl zum Binden

Karotten schälen. Alle Zutaten bis auf das Guarkernmehl entsaften und pikant abschmecken. Den Karottensud ggf. leicht binden.

PEA SHOOTS

500 g Pea Shoots, Saft von 1 Zitrone, etwas Kokosblütenzucker, 2 TL Zucker, 1 Spritzer Reisessig, 1 Spritzer Sojasauce, 1 Prise Meersalz

Erbsensprossen zusammen mit den übrigen Zutaten in einen Vakuumbeutel geben und voll vakuumiert für 2 Stunden gekühlt marinieren.

JAKOBSMUSCHEL

6 Jakobsmuscheln, 150 g Lachsloin, 1 Schale Salsola, ½ Kokosnuss, Saft und Abrieb von 1 unbehandelten Zitrone, 1 Prise Meersalz, 2 EL Olivenöl

Jakobsmuscheln aus der Schale brechen, Muskeln, Innereien, Bart und Rogen entfernen, unter fließendem Wasser spülen und mit einem Küchenpapier trocken reiben. Die Jakobsmuscheln quer in Scheiben schneiden, längs in Streifen und anschließend akkurat würfeln. Lachsloin ebenfalls in kleine Würfel schneiden. Salsola waschen und in feine Ringe schneiden. Fruchtfleisch mit einem Löffel aus der Kokosnuss kratzen und ebenfalls fein würfeln. Lachstatar, Jakobsmuscheltatar und Kokosfleischwürfel mit der übrigen Zutaten mischen und lecker abschmecken. Mit zwei Esslöffeln zu Nocken formen und abgedeckt bis zur Weiterverwendung beiseitestellen.

ANRICHTEN

4 Pea Shoots, 4 Veilchenblüten, Abrieb von ¼ unbehandelten Zitrone, 2 EL Mandarinenöl

Pea Shoots aus der Marinade nehmen und leicht abtropfen lassen, mittig auf tiefe Teller platzieren. Karottensud angießen. Jakobsmuschel-Lachs-Nocke auf die Erbsensprossen setzen und mit unmarinierten Pea Shoots, Veilchenblüten und Zitronenabrieb garnieren, ggf. einige Tropfen Öl in den Sud geben und servieren.

TIPP

Wenn Sie den Karottensud an kalten Tagen erwärmt servieren, sollten Sie statt Zitronengras Kardamom und Kreuzkümmel verwenden. Wenn Sie die Erbsensprossen länger in der Marinade lassen, werden diese leider etwas grau und schmecken nicht mehr so knackig frisch, haben aber geschmacklich trotzdem ihren Reiz.

Gurke
mit Algen, Melone und Carabinero

TECHNIK
kaltes Marinieren unter Vakuum

SPEZIALEQUIPMENT
Kammervakuumierer

VERZEHRTEMPERATUR
Fisch: zimmerwarm
Gemüse und Obst: gekühlt

GURKE

½ Gartengurke, 2 EL Norisud (siehe Grundrezept S. 193), Saft von 1 unbehandelten Zitrone, ¼ TL Zucker, ¼ TL Meersalz

Gurke gründlich waschen, auf 10–12 cm kürzen und längs mit Schale in 0,6 cm dicke Segmente schneiden. Mit den restlichen Zutaten in einen Vakuumbeutel geben und voll vakuumiert für 2–3 Stunden gekühlt marinieren.

ALGEN

1 Tasse rote Tosaka-Nori-Algen, 1 Tasse grüne Tosaka-Nori-Algen, 1 TL Reisessig, 1 TL Sesamöl, 1 TL Sojasauce, ¼ TL Zucker

Algen in Wasser gut spülen, damit der Salzgeschmack stark gemildert wird. Anschließend die Algen mit den restlichen Zutaten marinieren und beiseitestellen.

MELONE

½ Charentais-Melone, Saft von 1 unbehandelten Zitrone, Mark von ½ Vanilleschote, 1 TL Honig, 1 Msp. fein geriebener Ingwer, BASIC textur zum Binden

Melone schälen, entkernen und in 1 x 1 cm große Stücke schneiden. Die Abschnitte aufheben. Die Melonenstücke mit den Abschnitten nebeneinander in einen Vakuumbeutel geben und zusammen mit den übrigen Zutaten voll vakuumiert für 2 Stunden marinieren. Danach die Abschnitte zusammen mit dem Sud sehr fein pürieren und ggf. mit etwas BASIC textur binden.

CARABINERO

4 Carabineros (rote Riesengarnelen), ¼–½ TL Meersalz, 1 TL Zitronenöl

Carabineros aus der Schale brechen und in 8 Stücke schneiden, mit Meersalz würzen und zusammen mit dem Zitronenöl in einen Vakuumbeutel geben und voll vakuumiert für 2 Stunden beizen.

ANRICHTEN

1 EL Erdnussöl, Meersalz, 1 Schale grüne Shiso-Kresse, 2 EL Hanfsamenkrokant (siehe Grundrezept S. 191)

Gurkenscheiben aus der Marinade nehmen, leicht abtropfen und mittig anrichten. Aus dem Fond mit etwas Erdnussöl ein Dressing mixen, ggf. mit etwas Meersalz abschmecken. Carabineros und Melonenstücke leicht abtropfen und anrichten. Mit Algensalat, Shiso-Kresse und Hanfsamenkrokant ausgarnieren und servieren.

Jakobsmuschel
mit Wassermelone, Zitrone und Chili

TECHNIK
kaltes Marinieren unter Vakuum

SPEZIALEQUIPMENT
Kammervakuumierer

VERZEHRTEMPERATUR
Fisch: zimmerwarm
Früchte: gekühlt

JAKOBSMUSCHEL

8 Jakobsmuscheln in Schale, Sashimi-Qualität

Jakobsmuscheln aus der Schale brechen, Muskel, Innereien, Bart und Rogen entfernen. Das Muschelfleisch quer in Scheiben schneiden und abgedeckt beiseitestellen.

WASSERMELONE

¼ kernlose Wassermelone, 2 EL Palmzucker, Saft von 2 unbehandelten Limetten

Melone von der Schale befreien und in lange Stücke schneiden, sodass Sie Stränge in der Stärke der Jakobsmuscheln erhalten. Die Melonenstränge mit den restlichen Zutaten in einen Vakuumbeutel geben und voll vakuumieren. Die Melone für 1–2 Stunden gekühlt marinieren.

DRESSING

1–2 unbehandelte Zitronen, 8 EL Melonenmariniersud, 3 EL kalt gepresstes Olivenöl, 2 EL Zitronenöl, 2 Scheiben Knoblauchchips (siehe Grundrezept S. 192), 1 Msp. fein gehackte rote Thaichili, 1 Prise Meersalz, Honig zum Abschmecken, ¼ Gurke, 1 Schale Rock Chives, ¼ TL fein gehackte Schelottenwürfel

Zitronen mit einer feinen Microplane-Reibe abreiben und den Abrieb beiseitestellen. Dann die Zitronen schälen, das Fruchtfleisch filetieren (Saft auffangen) und grob zupfen. Etwas vom Zitronensaft mit dem Melonensud mischen und zusammen mit Olivenöl, Zitronenöl, den Knoblauchchips und der Thaichili fein pürieren und eine Emulsion herstellen. Das Dressing mit Meersalz und Honig kräftig abschmecken. Gurke waschen und in sehr feine Würfel schneiden. Rock Chives sehr fein schneiden. Alle Zutaten miteinander mischen.

ANRICHTEN

1 Schale Borage Cress

Melonenstränge in Scheiben schneiden und abwechselnd mit den Jakobsmuscheln auf einem Teller anrichten. Mit ausreichend Dressing marinieren, dabei auch die festen Bestandteile über den Jakobsmuscheln verteilen. Mit Zitronenabrieb und Borage Cress ausgarnieren und servieren.

TIPP

Eisgekühlt und nur kurz mariniert schmeckt die Melone absolut erfrischend. Die Melonenabschnitte können auch mit Zitrone und Zucker mariniert, abgetupft für 20 Stunden bei 48 °C im Dehydrator karamellisiert werden und dem Gericht beigefügt werden. Der Zitronenabrieb zur Garnitur kann ebenfalls mit etwas Zucker mariniert und locker ausgebreitet bei 48 °C für etwa 4–5 Stunden knusprig getrocknet werden.

Lachs
mit Wasabi-Rauke, Kefir und Avocado

Lachs
mit Wasabi-Rauke, Kefir und Avocado

TECHNIK
kaltes Marinieren unter Vakuum

SPEZIALEQUIPMENT
Kammervakuumierer
Entsafter
Espuma-Flasche

OPTIONAL
Stickstoff

VERZEHRTEMPERATUR
zimmerwarm

LACHS

1 Lachsloin, 4 Sternanis, 2 getrocknete Zitronenblätter, ½ TL Fenchelsamen, ½ TL Koriandersamen, ½ TL Anissamen, ¼ TL Szechuanpfeffer, ¼ TL geriebener Ingwer, ½ Bd. Koriander, 1 ½ TL Meersalz, 1 TL Rohrzucker, Olivenöl zum Einreiben

Lachsloin mit Küchenpapier trocken tupfen und ggf. von Gräten befreien. Anschließend die Gewürze in einem Mörser grob zermahlen. Frischen Koriander waschen, trocken tupfen, fein schneiden und mit den restlichen Gewürzen mischen. Die Gewürzmischung mit Salz und Zucker vermengen und den Lachs darin panieren. In einen Vakuumbeutel geben und für 12 Stunden marinieren. Aus dem Vakuumbeutel nehmen, die Gewürze mit dem Messerrücken abstreifen und den Lachs mit Olivenöl einreiben. In einen Vakuumbeutel geben, voll vakuumieren und bis zur Verwendung lagern.

WASABI-RAUKE

300 g Wasabi-Kraut, 2 EL Reisessig (Mizukan), 2 EL Limettensaft, 1 EL Mirin, 1 TL Zucker, ¼ TL Meersalz, 1 Spritzer Sojasauce

Wasabi-Rauke gründlich waschen und trocken tupfen, zusammen mit den restlichen Zutaten vermischen, in einen Vakuumbeutel geben und voll vakuumieren. Für mindestens 2–3 Stunden gekühlt marinieren.

KEFIR

300 g Kefir, 4 g Meersalz, 40 g Tahin, 1–2 EL BASIC textur, 1 TL Reisessig, 1 TL Sojasauce, 1 TL Mirin, ½ TL Dijon-Senf, ¼ TL Kashmir-Curry, 1 Spritzer Zitronensaft

Alle Zutaten in einem Mixer sehr fein pürieren. Die Kefirmasse in eine Espuma-Flasche füllen, mit 2 Stickstoffkapseln befüllen und bis zur Verwendung kalt stellen.

ROTE SHISOCREME

8 Schälchen rote Shiso-Kresse, 100 ml Apfelsaft, 2 EL MIRIN, 1 Prise Palmzucker, 1 Spritzer Yuzusaft, 1 Msp. fein gehackte Thaichili, BASIC textur zum Binden

Shiso-Kresse waschen und entsaften, mit den restlichen Zutaten abschmecken und binden. Bis zur Verwendung beiseitestellen.

AVOCADO

1 Avocado (Fuerte), 1 Schuss Wasabi-Rauke-Marinade (s. o.), 1 Prise Meersalz, 1 Schuss Kokoswasser

Avocado längs halbieren, entkernen, die Schale entfernen, das Fruchtfleisch längs in dünne Scheiben schneiden und 8 Röllchen daraus drehen. Die restliche Avocado mit etwas vom Marinierfond der Wasabi-Rauke und Meersalz abschmecken und zu einer flüssigen Creme mixen.

ANRICHTEN

4 Minikokosnüsse, 1 Schale Shiso-Kresse (grün und rot), Sesamcracker (siehe Grundrezepte S. 195), 1 Rosenblüte, flüssiger Stickstoff (optional)

Den Lachs in ½ cm – 1 cm dicke Scheiben schneiden, Röllchen daraus drehen und anrichten. Wasabi-Rauke gut abtropfen und mit einer Gabel aufgelockert mittig auf einem Teller anrichten. Minikokosnüsse quer halbieren, mit etwas Kefirschaum füllen und auf den Lachsscheiben anrichten. Avocadoröllchen, Shisocreme und Avocadocreme anrichten. Mit Shisoblättern, Sesamcrackern und Blütenblättern ausgarnieren. Sesamschaum mittig auf der marinierten Wasabi-Rauke anrichten. Optional den Sesamschaum für wenige Sekunden im flüssigen Stickstoff wenden und sofort servieren.

TIPP

Bei der Verwendung von flüssigem Stickstoff immer mit einer Schutzbrille und Schutzhandschuhen arbeiten. Für den Sesamschaum einen Esslöffel mit der Löffelspitze in den Stickstoff tauchen, bis dieser aufhört zu kochen, anschließend den Kefir-Espuma auf den Löffel schäumen und für einige Sekunden den Schaum im Stickstoff wenden, dabei bekommt er eine knusprige Außenhaut.

Sardine
mit Tomaten, Gurke und Rauchpaprika

TECHNIK
kaltes Marinieren unter Vakuum
Trocknen
Kaviction/Druckmarinieren

SPEZIALEQUIPMENT
Kammervakuumierer
Dehydrator
Espuma-Flasche
Rauchpfeife

VERZEHRTEMPERATUR
gekühlt

RAUCHPAPRIKA

400 ml Paprikafond (siehe Grundrezept S. 194), 200 ml Tomatenfond aus getrockneter Tomate (siehe Grundrezept S. 196), 50 ml kalt gepresstes Olivenöl, 1 TL Chilifond, Saft von ½ unbehandelten Zitrone, 1 Prise Zucker, 1 Prise Meersalz, 1 Spritzer heller Balsamico, etwas Räuchermehl aus alten Whisky-Fässern, BASIC textur zum Binden

Alle Zutaten zusammenbringen und würzig abschmecken, die Hälfte der Flüssigkeit etwas intensiver mit BASIC Textur binden und in eine Espuma-Flasche füllen. Mit einer Rauchpfeife etwas Rauch in die Flasche geben und sofort verschließen. Mit 2 Stickstoffpatronen begast für 60 Minuten marinieren.

TOMATE

4 große rote Kirschtomaten, 8 kleine gelbe Kirschtomaten, Saft und Abrieb von 1 unbehandelten Limette, 1 Prise Rohrzucker, 1 Prise Meersalz, 1 EL kalt gepresstes Olivenöl

Tomaten kurz in kochendes Wasser geben und sofort im Eiswasser abkühlen. Häuten und mit etwas Limettensaft, Zucker, Meersalz und Olivenöl marinieren, anschließend auf einer Backmatte für 12 Stunden bei 48 °C trocknen.

GURKE

½ Gurke, Saft von ½ unbehandelten Limette, 1 Prise Meersalz, 1 Prise Zucker

Gurke schälen und in kleine Stücke schneiden, mit den übrigen Zutaten marinieren, in einen Vakuumbeutel geben und voll vakuumiert gekühlt für 2 Stunden marinieren.

SARDINE

⅓ Bd. Estragonblätter (fein geschnitten), 4 Knoblauchchips (fein gemahlen, siehe Grundrezept S. 192), 1–2 TL Salz, 1 TL Zucker, 4 Sardinenfilets (entgrätet), ¼ TL leicht zerstoßener Fenchelsamen, 1 Msp. gemahlener Kreuzkümmel

Alle Zutaten mischen, Sardinenfilets damit panieren, in einen Vakuumbeutel geben und voll vakuumiert 12 Stunden beizen. Aus dem Beutel nehmen und die Beize mit dem Messerrücken abstreifen, mit etwas Olivenöl einreiben und bis zum Anrichten beiseitestellen.

ANRICHTEN

2 EL Mandelkerne, einige Blätter Micro-Blutampfer

Kirschtomaten, Gurkenstücke und Mandeln mittig in einem tiefen Teller verteilen, Paprikasud angießen, die Sardine eingerollt anrichten. Mit Blutampfer und Paprikaschaum garniert servieren.

Forelle
mit geräucherter Karotte, Sellerie und Apfel

Forelle
mit geräuchter Karotte, Sellerie und Apfel

TECHNIK
warmes und kaltes Marinieren unter Vakuum
kalt Räuchern

SPEZIALEQUIPMENT
Kammervakuumierer
Rauchpfeife
Bunsenbrenner
Espuma-Flasche

VERZEHRTEMPERATUR
zimmerwarm

FORELLE

1 Forelle, 1 Schalotte, 2 EL heller Balsamico, 1 TL Zucker, ¼ TL Meersalz, 2–3 Knoblauchchips (siehe Grundrezept S. 192), 1 Spritzer Zitronensaft

Forelle ausnehmen, filetieren, Gräten ziehen, gründlich waschen und auf einem Küchenpapier trocken tupfen. Die Schalotte schälen und klein würfeln. Die restlichen Zutaten vermengen und zusammen mit den Forellenfilets, den Schalottenwürfeln und Wasser in einen Vakuumbeutel geben und voll vakuumiert 3 Stunden marinieren.

KAROTTEN

1 große Karotte, etwas Räuchermehl (alte Whiskeyfässer), 1 Prise Rauchsalz, etwas Honig, 1 Msp. Ras el Hanout

Karotte schälen, auf eine Gabel stecken und kurz mit einem Bunsenbrenner von allen Seiten flämmen. Auf einer Aufschnittmaschine längs in vier 0,3–0,4 cm dicke Stücke schneiden. Übrige Karottenabschnitte entsaften. Saft und Karottenscheiben zusammen mit Salz, Honig und Ras el Hanout in einen Vakuumbeutel geben und voll vakuumiert bei 58 °C 40 Minuten im Wasserbad marinieren. Aus dem Wasserbad nehmen und für weitere 4 Stunden marinieren. Karotten aus dem Vakuum nehmen und in eine Espuma-Flasche füllen. Mit einer Rauchpfeife etwas kalten Rauch in die Espuma-Flasche füllen und direkt mit dem Deckel verschließen. Mit 2 Stickstoffpatronen begasen und mindestens 1 Stunde marinieren lassen.

SELLERIE

½ kleiner Knollensellerie, 1 TL Selleriepulver, 1 Prise Zucker, 1 Prise Meersalz, 1 Spritzer Zitronensaft, 1 Spritzer Apfelsaft (siehe Grundrezept S. 188), 1 Spritzer Wasser

Sellerie schälen und mit einer Aufschnittmaschine in 8 feine Scheiben schneiden. Mit den restlichen Zutaten mischen, in einen Vakuumbeutel geben und voll vakuumiert bei 58 °C für 40 Minuten im Wasserbad marinieren. Anschließend heruntergekühlt noch mindestens 8 Stunden marinieren lassen. Die Sellerieabschnitte entsaften und beiseitestellen.

APFEL

30 ml Apfelsaft (siehe Grundrezept S. 188), 1 Spritzer heller Balsamico, 1 Msp. Vanillemark, Rosinen

Apfelsaft, Essig und Vanille vermengen. Rosinen im Apfelsaftgemisch einweichen und für 3–4 Stunden quellen lassen.

PINIENKERNJOGHURT

¾ Tasse Pinienkerne, 1–2 EL Joghurt, 1 Prise Meersalz, 1 Spritzer Zitronensaft

Alle Zutaten zusammen in einem Mixer sehr fein pürieren und in einen Spritzbeutel füllen.

ANRICHTEN

2 Zweige Kerbel, 1 Prise Mustard Cress, 1 Prise Tasmanischer Pfeffer, 6 EL Kerbeldressing, 1 Prise Meersalz

Die Forellenfilets in gleichmäßige Segmente schneiden. Karotten und Sellerie aus der Marinade nehmen und aufrollen. Die längs aufgerollte Karotte von beiden Seiten mit der Pinienkerncreme füllen. Die Forellenfilets darauf anrichten und den aufgerollten Sellerie anstellen. 2 kleine Apfel-Rosinen-Nocken platzieren. Mit Kerbel, Mustard Cress, Tasmanischem Pfeffer, Kerbeldressing und etwas Meersalz garnieren und servieren.

TIPP

Die Pinienkerne werden noch feiner, wenn Sie diese im Pacojet zubereiten.

Ayran
mit Sardine, Wassermelone und Estragon

TECHNIK	SPEZIALEQUIPMENT	VERZEHRTEMPERATUR
kaltes Marinieren unter Vakuum	Kammervakuumierer	gekühlt bis zimmerwarm

AYRAN

400 g Joghurt, 150 ml Gurkenfond, Saft von 1 Zitrone, 1 Msp. gemahlener Kreuzkümmel, 1 Prise Meersalz, 1 Prise Zucker

Alle Zutaten mit einem Zauberstab mixen und leicht säuerlich abschmecken.

SARDINE

3–4 Sardinen, 2–3 EL kalt gepresstes Olivenöl, 1 TL Meersalz, 1 Prise Zucker, etwas Pimenton

Sardinen ausnehmen, filetieren und gründlich säubern, ggf. Gräten ziehen. Zusammen mit den restlichen Zutaten in einen Vakuumbeutel geben und voll vakuumiert für 4 Stunden marinieren.

WASSERMELONE

3 Stängel Estragon, 2–3 EL Zucker, Saft von 1–2 Limetten, ¼ Wassermelone (kernlos)

Estragon gründlich waschen, trocken tupfen und die Blätter zupfen, grob schneiden. Melone schälen und in akkurate Stücke schneiden. Nebeneinander zusammen mit den übrigen Zutaten in einen Vakuumbeutel geben, Gewürze gut verteilen und voll vakuumiert für 2–3 Stunden marinieren.

GURKE

½ Gurke, Saft von 1 Zitrone, 1 Prise Meersalz, 1 Prise Zucker, 1 Stängel Estragon

Gurke schälen, halbieren, in grobe Stücke schneiden und zusammen mit den übrigen Zutaten in einen Vakuumbeutel geben und voll vakuumiert für 2 Stunden gekühlt marinieren.

ANRICHTEN

einige Granatapfelkerne, 4 Blätter Micro-Blutampfer, 4 Blätter Kapuzinerkresse

Melone und Gurke aus der Marinade nehmen, etwas abtropfen und auf einem tiefen Teller anrichten. Sardinenfilets ebenfalls aus der Marinade nehmen, in gewünschte Stücke schneiden und auf der Gurke und Melone anrichten. Ayransud mit einem Zauberstab noch einmal schaumig aufmixen und angießen. Mit Granatapfelkernen, Estragon, Blutampfer und Kapuzinerkresse garnieren und servieren.

Norisushi
mit Daikon, Lachs und Avocado

TECHNIK	SPEZIALEQUIPMENT	VERZEHRTEMPERATUR
nicht erforderlich	nicht erforderlich	zimmerwarm

DAIKON
½ Rettich, 1 Prise Meersalz, 1 Spritzer Sojasauce, 1 Spritzer Yuzusaft

Rettich schälen und mit einer groben Microplane-Reibe reiben. Den Rettich in einem Tuch leicht auspressen und mit den restlichen Zutaten abschmecken.

LACHS
200 g Lachsloin (Sashimi-Qualität)

Lachs in 1 x 1 cm lange Stücke schneiden und bis zur Verwendung beiseitestellen.

AVOCADO
1 reife Avocado

Avocado ebenfalls in 1 x 1 cm lange Segmente schneiden und bis zur Verwendung beiseitestellen.

WASABI-RAUKE
50 g Wasabi-Rauke, 1 EL Macadamianüsse, 1 TL Rohrzucker, 1 EL Mirin, 1 Spritzer Reisessig (Mizkan), 1 Spritzer Yuzusaft

Wasabi-Rauke mit den restlichen Zutaten in einem Mixer pürieren und würzig abschmecken.

ANRICHTEN
2 Noriblätter, 1 Schale Daikonkresse

Alle Zutaten fest zu 2 Norimakis rollen und jeweils mit einem scharfen Messer in 6 gleiche Stücke schneiden, mit Wasabi-Rauke-Püree und Daikonkresse garnieren und sofort servieren.

TIPP
Idealerweise rollen Sie die Makis mit einer Sushimatte oder in einer Klarsichtfolie.

Spinat
mit Forelle, Miso und Erdnuss

TECHNIK
kaltes Marinieren unter Vakuum
Trocknen

SPEZIALEQUIPMENT
Kammervakuumierer
Dehydrator

VERZEHRTEMPERATUR
eisgekühlt bis zimmerwarm

SPINAT

400 g Baby-Spinat

Baby-Spinat gründlich waschen und trocken tupfen.

MARINADE

100 ml Tomatenfond (siehe Grundrezept S. 196), 50 ml Kokoswasser, 1 TL helle Misopaste, 1 EL Mirin, 1 EL Yuzu, 1 EL Sojasauce, 1 EL Sesamöl, 1 EL geschälte Erdnüsse, ½ EL Reisessig, ½ Kombublatt, ¼ fein gehackte rote Thaichili, 4 g Bonitoflocken, 1 EL BASIC textur

Alle Zutaten bis auf das Kombublatt in einem Mixer glatt rühren und zusammen mit dem Spinat und dem Kombublatt in einen Vakuumbeutel geben und voll vakuumiert für 1 Stunde marinieren. Anschließend den Spinat aus der Marinade nehmen, die Marinade auffangen und das Kombublatt entfernen. Ggf. den Fond nochmals im Mixer glatt rühren.

FORELLE

2 kleine Forellen, 100 ml Buttermilch, 100 ml Kokosmilch, 1 EL Honig, 2 TL Meersalz, 2 Knoblauchchips (siehe Grundrezept S. 192), 1 Spritzer Sojasauce, 1 Spritzer Zitronensaft, etwas Sesamöl

Forellen filetieren, sauber häuten, gründlich waschen und trocken tupfen. Im Mixer aus den übrigen Zutaten eine Marinade herstellen und zusammen mit der Forelle in einen Vakuumbeutel geben und voll vakuumiert für mindestens 12 Stunden marinieren. Anschließend aus der Marinade nehmen, abwaschen und mit etwas Sesamöl bis zur Verwendung abgedeckt beiseitestellen.

ANRICHTEN

2 Stängel Bronzefenchel, 2 Stängel Thaibasilikum, 8 Blätter rote Shiso-Kerne, 1 Grenadillo, 2 Mangostan, 3 EL Erdnusskrokant (siehe Grundrezept S. 189), 4 Kokoschips (siehe Grundrezept S. 192)

Kräuter und Kresse waschen, trocken tupfen, zupfen und im Eiswasser knackig halten. Grenadillo halbieren und das Fruchtfleisch mit einem Löffel herauskratzen. Mangostan zwischen den Handballen leicht eindrücken, bis sich die Schale öffnet, die Fruchtkerne behutsam entnehmen. Spinat mittig auf einen tiefen Teller geben, den Fond angießen und die Forelle leicht eingerollt daraufsetzen. Mit Mangostankernen, Erdnusskrokant und Grenadillo versehen und mit Bronzefenchel, Shiso Kresse, Thaibasilikum und Kokoschip ausgarniert servieren.

Jakobsmuschelshot
mit Kokos, Erdnuss und Schokominze

TECHNIK
Kavitation/Druckmarinieren

SPEZIALEQUIPMENT
Espuma-Flasche

VERZEHRTEMPERATUR
gekühlt

SHOT

2 EL Wakame, 1 Schale rote Shiso-Kresse, 1 Schale Schokominze, 2 EL Mangowürfel, 2 EL Papayawürfel, 2 Jakobsmuscheln, 2 EL Erdnusskrokant (siehe Grundrezept S. 189), einige Veilchen, gezupft, ½ sehr fein geschnittene Thaichili, 1 EL Kokosraspeln

Wakame grob hacken, Shiso-Kresse und Schokominze zupfen. Jakobsmuscheln in feine Würfel schneiden und zusammen mit den übrigen Zutaten zu gleichen Teilen in die Gläser verteilen.

FLÜSSIGKEIT

320 ml Kokoswasser, Saft von ½ Zitrone, 1 Spritzer Reisessig, etwas Kokosblütensirup, 1 Prise Meersalz

Kokoswasser leicht süßlich und erfrischend abschmecken. Eisgekühlt in die angerichteten Gläser füllen.

TOPPING

4 Jakobsmuscheln, etwas Meersalz, etwas Kokosblütenzucker, 2 EL Limonenöl

Jakobsmuscheln aus der Schale brechen, Muskel, Innereien, Bart und Rogen entfernen. Die Jakobsmuscheln mit den übrigen Zutaten in eine Espuma-Flasche füllen, mit 2–3 Stickstoffpatronen begasen und für 3 Stunden darin marinieren.

ANRICHTEN

4 Blätter Schokominze, 1 TL Kokosraspel, 1–2 TL Erdnusskrokant (siehe Grundrezept S. 189)

Die Luft aus der Espuma-Flasche lassen, die Jakobsmuscheln mittig auf Spieße stecken und mit Schokominze, Kokosraspeln und Erdnusskrokant garniert servieren.

TIPP

Das Kokoswasser kurz vor dem Anrichten noch einmal für 15 Minuten ins Gefrierfach stellen und die Jakobsmuschel bei Zimmertemperatur servieren.

Karottenmaki
mit Tuna, Thaibasilikum und Mango

TECHNIK
kaltes Marinieren unter Vakuum

SPEZIALEQUIPMENT
Kammervakuumierer
Aufschnittmaschine

VERZEHRTEMPERATUR
zimmerwarm

KAROTTEN

2 Karotten, ½ Gartengurke, 1 Passionsfrucht, 1 EL Rohrzucker, 1 Prise Meersalz

Karotten und Gurke schälen und jeweils in 2 x 8 cm lange Segmente schneiden, dabei die Gurke vorab vom Kerngehäuse trennen. Mit einer Aufschnittmaschine beide Gemüse längs in dünne Scheiben schneiden und zusammen mit den übrigen Zutaten gemischt in einen Vakuumbeutel geben und voll vakuumiert für mindestens 3 Stunden im Kühlschrank marinieren.

TUNA

200 g Thunfisch Maguro (Sashimi-Qualität), ¼ Bd. Thaibasilikum

Thunfisch in 0,6 x 0,6 cm große Stränge schneiden und mit Thaibasilikumblättern umlegt mit einer Klarsichtfolie fest einwickeln. Anschließend quer in 2 cm breite Stücke schneiden und die Folie entfernen.

MANGO

1 reife Thaimango, 1–2 EL Passionsfruchtsaft, 1 Spritzer Chilisaft (siehe Grundrezept S. 189)

Mango schälen, vom Kerngehäuse trennen und mit einem Messer das Fruchtfleisch fein hacken. Anschließend mit den restlichen Zutaten säuerlich-pikant abschmecken und bis zur Verwendung beiseitestellen.

HANFSAMEN

400 g frischer Hanfsamen, 1 Spritzer Reisessig, 1 Spritzer Mirin, 1 Spritzer Sojasauce, 1 Msp. Wasabi

Hanfsamen im Mixer grob hacken und mit den übrigen Zutaten abschmecken.

ANRICHTEN

1 Prise Purple-Curry, ½ Bd. Thaibasilikum

Karottenstreifen zusammen mit den Gurkenstreifen, dem Thunfisch und den Hanfsamen fest zu kleinen Makis rollen. Anschließend mit Mango, Purple-Curry und Thaibasilikum garnieren und servieren.

TIPP

Beim Mixen der Hanfsamen darauf achten, dass die Samen nur grob zerkleinert werden, da sie sich sonst zu einer recht klebrigen Masse verbinden und nicht mehr den Sushi-Charakter widerspiegeln.

Papayasmoothie
mit Mango, Koriander und Calamaretti

TECHNIK
Entsaften
Trocknen
Thermalisieren

SPEZIALEQUIPMENT
Entsafter
Stabmixer
Kammervakuumierer
Dehydrator
Thermalisierer

VERZEHRTEMPERATUR
gekühlt

PAPAYA

1 reife Papaya, Saft von 1 unbehandelten Zitrone, etwas Thaichili, etwas Mirin, etwas Rohrzucker

Papaya schälen, entkernen und entsaften. Zusammen mit den übrigen Zutaten fein mixen und abschmecken.

MANGO

2 reife Thaimangos, Saft von 1 unbehandelten Zitrone, etwas Rohrzucker

Mangos schälen, das Fleisch vom Kern trennen und mit den übrigen Zutaten sehr fein pürieren.

KORIANDER

1 Bd. Koriander, 1 Stange Zitronengras, 100 ml Kokoswasser, ¼ rote Thaichili, Saft von ¼ unbehandelten Zitrone, etwas Zucker, etwas Emulzoon

Koriander und Zitronengras gründlich waschen, grob schneiden und zusammen mit dem Kokoswasser und der Thaichili entsaften. Den Saft mit Zitronensaft und Zucker kräftig abschmecken und mit Emulzoon mit einem Stabmixer schaumig aufschlagen.

CALAMARETTI

2 Calamaretti, ¼ Bd. Koriander, ¼ grüne Thaichili, einige Blätter Shiso-Kresse, 1 Prise Zucker, 1 Prise Meersalz, 1 Spritzer Zitronensaft, etwas Abrieb von 1 unbehandelten Zitrone, etwas Zitronenöl

Calamaretti häuten, den Stachel ziehen und gründlich waschen. Die Calamaretti trocken tupfen, längs halbieren und über Kreuz einschneiden. Koriander gründlich waschen, trocken tupfen und grob schneiden. Thaichili fein hacken. Koriander zusammen mit der Chili und den Shiso-Blättern entsaften. Calamaretti mit allen Zutaten voll vakuumieren und bei 40 °C im Wasserbad für 20 Minuten marinieren, im Eiswasser auskühlen lassen und auf einen Spieß rollen.

ANRICHTEN

einige Blätter rote Shiso-Kresse, etwas Erdnusskrokant (siehe Grundrezept S. 189)

Mangopüree in ein Glas füllen, anschließend den Papayasaft über einen Löffelrücken auf das Mangopüree füllen. Mit Korianderschaum bedecken und den Calamarettispieß mit roter Shiso-Kresse und Erdnusskrokant ausgarnieren und servieren.

GEMÜSE

Beten
mit Sellerie, Aprikose und Kapuzinerkresse

TECHNIK	SPEZIALEQUIPMENT	VERZEHRTEMPERATUR
kaltes Marinieren unter Vakuum	Kammervakuumierer	gekühlt oder erwärmt
Trocknen	Dehydrator	
	Aufschnittmaschine	

BETEN

2 Mini-Rote-Beten, 1 gelbe Bete, 20 ml Rohrzuckersirup, Saft von 1 Zitrone, 2–3 Mini-Navetten, 1 schwarzer Rettich, 1 TL Honig, 1 Prise Meersalz, Saft von 1 Orange, 1 EL Traubenkernöl, 1 Msp. Kashmir-Curry

Die Beten gründlich waschen und mit einer Handbürste unter fließendem Wasser abreiben. Rohrzuckersirup mit etwas Zitronensaft abschmecken. Die Rote Bete längs mit der Aufschnittmaschine aufschneiden, durch den Rohrzuckersirup ziehen und auf einer Backmatte nebeneinander gelegt bei 48 °C für 24 Stunden trocknen. Navetten längs in Ecken schneiden, schwarzen Rettich und gelbe Bete ebenfalls dünn mit der Aufschnittmaschine aufschneiden. Gemüse separat mit Honig, Meersalz, Zitronensaft, Orangensaft und Traubenkernöl abschmecken und voll vakuumieren. Die gelbe Bete zusätzlich mit etwas Curry würzen. Die Beeten bei 58 °C für 35 Minuten im Wasserbad marinieren und anschließend gekühlt bis zur Verwendung lagern.

MEERRETTICH

150 ml Fenchelsaft (siehe Grundrezept S. 190), 200 ml Selleriesaft (siehe Grundrezept S. 195), 200 g Joghurt, 100 ml Rohmilch oder Buttermilch, 100 ml Apfelsaft, etwas Meerrettichsaft (siehe Grundrezept S. 193), 1–2 TL Honig, 1 Prise Meersalz, 1 Spritzer Zitronensaft, Guarkernmehl zum Binden

Aus allen Zutaten eine glatte Suppe mixen, mit etwas Meersalz und Zitronensaft abschmecken und ggf. mit Guarkernmehl leicht binden. Bis zur Verwendung abgedeckt kühl stellen.

APRIKOSEN

2 reife, weiche Aprikosen, 3 EL Orangensaft, 1 EL Zucker, 1 Spritzer heller Balsamico, 1 Spritzer Zitronensaft, 1 Msp. Kashmir-Curry, Guarkernmehl zum Binden

Die Aprikosen schälen, entkernen und fein pürieren. Mit etwas Orangensaft und Zucker abschmecken und ggf. leicht binden. Bis zur Weiterverwendung in einer Squeeze-Flasche gekühlt lagern.

ANRICHTEN

einige Blätter Micro-Blutampfer, einige Blätter Schafgarbe, 4 Kapuzinerkresseblüten und -blätter, 1 Prise Tasmanischer Pfeffer, 1 Spritzer Orangenöl

Die gelbe Bete und den schwarzen Rettich aus der Marinade nehmen, trichterförmig aufrollen und auf dem Tellerrand anrichten. Rote-Bete-Chips, Navetten, Blutampfer und Schafgarbe ebenfalls auf dem Tellerrand platzieren. Übriges Gemüse als Einlage verwenden. Einige Punkte der Aprikosencreme auf dem Tellerrand platzieren. Die Suppe glatt oder mit einem Zauberstab schaumig gemixt einfüllen und mit Kapuzinerkresseblüten, Pfeffer und Orangenöl ausgarniert servieren.

Gurkensuppe
mit Zucchini, Okra und Melone

Gurkensuppe
mit Zucchini, Okra und Melone

TECHNIK
Entsaften
kaltes Marinieren unter Vakuum

SPEZIALEQUIPMENT
Entsafter
Kammervakuumierer
Espuma-Flasche
Aufschnittmaschine

VERZEHRTEMPERATUR
gekühlt

GURKENSUPPE

2–3 Gartengurken, 50 g Pimpinelle, 1 grüne Tomate, ½ Stängel Zitronengras, 100 g grüner Mizuna, 50 g Zuckerschoten, 1–2 Scheiben grüne Thaichili, 1 Scheibe Knoblauch, ½ Bd. Dill, ¼ TL Dijon-Senf, Saft von 1 Zitrone, 1 Spritzer Balsamico, 1 Prise Meersalz, 1 Prise Zucker, Guarkernmehl zum Binden

Gartengurke schälen und in grobe Stücke schneiden. Pimpinellenblätter vom Stängel lösen, waschen und trocken tupfen. Alle Zutaten bis auf das Verdickungsmittel entsaften und durch ein feines Superbag oder Passiertuch passieren. Die Gurkensuppe würzig-säuerlich abschmecken und leicht binden.

ZUCCHINI

1 grüne Zucchini, 2 gemahlene Knoblauchchips (siehe Grundrezept S. 192), 1 Prise Meersalz, 1 Prise Togarashi (Gewürzmischung), 1 Spritzer Zitronensaft

Zucchini gründlich waschen. Stiel und Blüte entfernen, auf 10–12 cm kürzen und längs mit der Aufschnittmaschine in 8 Scheiben zu 0,3 cm schneiden. Zucchinischeiben mit den restlichen Zutaten marinieren, in einen Vakuumbeutel geben und voll vakuumiert für 3–4 Stunden marinieren.

GURKE/OKRA

½ Gartengurke, 2 Okraschoten, 2 Stängel Estragon, 1–2 TL Zucker, 1 Prise Meersalz, Saft und Abrieb von 1 unbehandelten Limette

Gartengurke schälen, auf 10–12 cm kürzen und längs in 8 Scheiben zu 0,3–0,4 cm schneiden. Okraschoten waschen, Strunk entfernen und längs halbieren. Estragonblätter vom Stiel zupfen, waschen, trocken tupfen und grob klein schneiden. Zusammen mit den Gurkenscheiben, den halbierten Okra und den restlichen Zutaten in einen Vakuumbeutel geben und voll vakuumiert für 2 Stunden gekühlt marinieren.

MELONE

¼ Charentais-Melone, Saft von 1 Zitrone, Mark von ½ Vanilleschote, 1 TL Honig, 1 Msp. fein geriebener Ingwer

Melone schälen, entkernen und in 1,2 x 1,2 cm Stücke schneiden. Die Melonenstücke mit den restlichen Zutaten marinieren und nebeneinander in einen Vakuumbeutel geben und voll vakuumiert für 2 Stunden marinieren.

JOGHURTESPUMA

150 ml Ayran, Meersalz, 1–½ EL BASIC textur, 1 Spritzer Zitronensaft

Den Ayran mit Meersalz, Zitronensaft und BASIC textur mixen, in eine Espuma-Flasche füllen, mit 2 Stickstoffpatronen befüllen und bis zur Verwendung kalt stellen.

ANRICHTEN

4 Zweige Pimpinelle, einige Blätter Micro-Blutampfer, Meersalz

Gurke und Zucchini aus der Marinade nehmen, abtropfen, ggf. mit etwas Meersalz abschmecken und zu Röllchen zusammendrehen. Die Röllchen sollten einen Hohlraum in der Mitte haben, um den Joghurtschaum besser zu platzieren. Alle Zutaten in einem tiefen Teller anrichten, Gurkensuppe angießen und mit Pimpinelle und Blutampfer ausgarnieren.

TIPP

Dieses Gericht unbedingt an heißen Tagen servieren, da es sehr erfrischend ist.

Staudensellerie
mit Roter Bete, Walnuss und Goldpfirsich

TECHNIK
warmes und kaltes Marinieren unter Vakuum

SPEZIALEQUIPMENT
Kammervakuumierer
Squeeze-Flasche

VERZEHRTEMPERATUR
zimmerwarm

STAUDENSELLERIE

4 Stangen Staudensellerie, 2 TL Kamillenblüten, 1 TL Holunderblütensirup, 1 Prise Meersalz, Saft von ½ Zitrone

Den Staudensellerie gründlich waschen, die harten Fäden längs ziehen und in 12 cm lange Stängel portionieren. Die Sellerieblätter im Eiswasser beiseitestellen. Die Stängel mit einer Aufschnittmaschine längs in Streifen schneiden. Die Staudenselleriestängel mit den anderen Zutaten mischen und in einen Vakuumbeutel geben, voll vakuumieren und für 12 Stunden marinieren.

ROTE BETE

2 EL Sojakeime, ½ Blumenkohl, 1 EL gehackte Walnusskerne, 4 EL Rote-Bete-Pulver, 2 EL Rote-Bete-Saft, ½ TL geriebener Meerrettich, 1 Spritzer heller Balsamico, 1 Spritzer Zitronensaft, 1 Prise Meersalz, 1 Prise Zucker

Sojakeime grob hacken. Blumenkohl gründlich waschen, Strunk entfernen und in sehr kleine Segmente teilen, ebenfalls grob hacken. Beides mit den restlichen Zutaten mischen, in einen Vakuumbeutel geben, voll vakuumieren und im Wasserbad bei 58°C für 40 Minuten marinieren. Den Beutel im Eiswasser herunterkühlen und bis zur Verwendung kühl lagern.

PFIRSICH

2 Goldpfirsiche, 4 EL Pfirsichsaft, 1 EL Rohrzucker, 1 Spritzer Zitronensaft

Pfirsiche gründlich waschen, halbieren, entkernen und in Scheiben schneiden. Zusammen mit den restlichen Zutaten in einen Vakuumbeutel geben und voll vakuumiert für 6 Stunden gekühlt marinieren.

MIRABELLE

6–8 reife Mirabellen, 1 Spritzer Mirabellenessig, 1 Spritzer Zitronensaft, 1 Msp. fein gehackte rote Thaichili, Guarkernmehl zum Binden

Die Mirabellen häuten, entkernen und mit den restlichen Zutaten sehr fein pürieren. Das Püree leicht binden und ggf. noch einmal säuerlich abschmecken. Die Mirabellencreme in eine Squeeze-Flasche füllen und kalt stellen.

ANRICHTEN

100 g Schafskäse, 1 Prise Meersalz, 1 EL Zitronensaft, einige Veilchenblüten, einige Blätter grüne Oxalis, 1 EL Walnusskrokant (siehe Grundrezept S. 196)

Den Schafskäse mit etwas Meersalz und Zitronensaft zu einer groben Creme pürieren. Das Rote-Bete-Blumenkohl-Granulat mittig auf dem Teller anrichten. Den Staudensellerie aus der Marinade nehmen und zu kleinen Röllchen drehen. Die Röllchen anrichten und mit der Käsecreme füllen. Einige Tupfer der Mirabellencreme verteilen, die Pfirsichscheiben anrichten und mit Blüten, Oxalis und Krokant garnieren und servieren.

Rettichpapier
mit Mangostin, Banane und Avocado

Rettichpapier
mit Mangostin, Banane und Avocado

TECHNIK
Pacossieren
Trocknen

SPEZIALEQUIPMENT
Dehydrator
Pacojet
manueller Gemüseschneider
(Vegetable Slicer)

VERZEHRTEMPERATUR
gekühlt

RETTICH

1 Rettich

Den Rettich schälen und quer in die gewünschte Größe schneiden. Die Länge bestimmt die Breite des Rettichpapiers. In den Vegetable Slicer einspannen und bis zur gewünschten Länge aufschneiden. Bis zur Verwendung im Eiswasser kalt stellen.

MANGOSTIN

4 Mangostane

Die Schale der 4 Mangostane mit einem scharfen Messer mittig, vorsichtig rundherum einschneiden und den Deckel abheben, sodass die Frucht im unteren Teil der Schale verbleibt. Bis zur Verwendung kalt stellen.

ROTE-BETE-EIS

4–5 Rote Beten, 1 Schalotte, 5 EL Joghurt, 4 EL Rote-Bete-Granulat, 2–3 EL BASIC textur, 1 EL Rohrzucker, 1 EL Pekannüsse, Saft von 1 Zitrone, 1 Prise Meersalz, 2–3 EL heller Balsamico

Rote Bete schälen und in kleine Würfel schneiden. Schalotte schälen, fein würfeln und zusammen mit den übrigen Zutaten in einem Mixer pürieren und säuerlich-würzig abschmecken. In einen Pacojet-Becher geben und für 20 Stunden einfrieren.

BANANE

2 reife Babybananen, Curry Maharadja

Bananen kurz vor dem Anrichten schälen, zuschneiden und mit etwas Currypulver rundherum bestreuen.

AVOCADO

1–2 reife Avocados (Fuerte), 2 EL Avocadoöl, 1 Passionsfrucht, 1 Prise Zucker, 1 Prise Meersalz, 1 Msp. Thaichili

Avocados halbieren, den Kern entfernen und die Frucht schälen. Passionsfrucht halbieren und das Fruchtfleisch durch ein Sieb streichen. Aus allen Zutaten eine würzige Creme herstellen, zusammen mit den Kernen in einen Spritzbeutel füllen und bis zur Weiterverarbeitung kalt stellen.

ANRICHTEN

1 Schale rote Daikonkresse, 1 Schale grüne Daikonkresse, 3 EL Schnittlauchdressing

Rettichpapier aus dem Eiswasser nehmen, trocken tupfen und locker auf einer rechteckigen Platte anrichten. Avocadocreme in die Zwischenräume setzen, je 1 Bananensegment ebenfalls dazwischensetzen. Das Eis pacossieren und in ein separates Gefäß füllen oder eine Nocke aufsetzen. Mit der aufgeschnittenen Mangostan und Daikonkresse ausgarnieren, mit etwas Dressing beträufeln und sofort servieren.

TIPP

Der Rettich kann auch aufgerollt mit Essig, Kurkuma, Salz und Zucker voll vakuumiert für 12 Stunden eingelegt werden, verliert dadurch allerdings die Standfestigkeit, gewinnt aber an knackiger Frische. Zum rohen Lachssashimi eine wirkliche Gaumenfreude – und tolle Optik.

Spinatravioli
mit Spargel, Bachsaibling und Kimchi

TECHNIK
kaltes Marinieren unter Vakuum

SPEZIALEQUIPMENT
Kammervakuumierer
Aufschnittmaschine

VERZEHRTEMPERATUR
frisch bis zimmerwarm
Brühe: eisgekühlt oder angewärmt

SPINATRAVIOLI

12 gleich große Blätter Spinat, 1 Prise Meersalz, 1 Prise Zucker, 1 Spritzer Zitronensaft

Spinat gründlich waschen, Stiel abtrennen, schichtweise mit den übrigen Zutaten in einen Vakuumbeutel geben und voll vakuumiert für 1–2 Stunden gekühlt marinieren.

SPARGEL

4 Stangen grüner Spargel, 1 TL Yuzusaft, 1 TL Rohrzucker, ¼ TL Meersalz

Den Spargel gründlich waschen und vom holzigen Ende befreien, längs mit einer Aufschnittmaschine in Scheiben schneiden. Anschließend mit den restlichen Zutaten in einen Vakuumbeutel geben und voll vakuumiert mindestens 3–4 Stunden gekühlt marinieren.

BACHSAIBLING

1 Bachsaibling, 1 kleine Schalotte, 1 Prise Meersalz, 1 Prise Zucker, 1 Spritzer Zitronenöl

Saibling ausnehmen, filetieren, von der Haut ziehen und von übrigen Fettresten befreien. Aus den gründlich gesäuberten Filets ein Tatar bereiten. Schalotte schälen und sehr fein würfeln. Tatar mit etwas Meersalz, Zucker, Zitronenöl und Schalottenwürfeln vermengen und bis zur Verwendung kühl lagern.

KIMCHI

200 ml Kimchisaft (siehe Grundrezept S. 191), 50 ml Tomatenfond, 1 Spritzer Yuzusaft, 1 Spritzer Chilisaft, Meersalz nach Bedarf, BASIC textur zum Binden

Aus allen Zutaten einen Sud herstellen und ggf. noch ein wenig mit BASIC textur binden.

ANRICHTEN

2 EL Yuzu-Mayonnaise (siehe Grundrezept S. 196), im Spritzbeutel, 2–3 Stängel Schafgarbe, 1 TL Saiblingskaviar, 1 Schale rote Shiso-Kresse, 1 TL Specköl (Fumée)

Spinat aus der Marinade nehmen und auf einem Küchentuch ausbreiten. Saiblingstatar zu 12 gleichen Zylindern formen, mittig etwas eindrücken, mit etwas Yuzu-Mayonnaise füllen und wieder verschließen. Saiblingszylinder mit Spinatblättern einwickeln und anrichten. Spargel aus der Marinade holen und längs aufrollen, ebenfalls anrichten. Den Kimchisud angießen und mit Schafgarbe, Kaviar, Shiso-Kresse und Öl garnieren und servieren.

Taboulé
mit Grenadillo, Kiwano und Granatapfel

TECHNIK	SPEZIALEQUIPMENT	VERZEHRTEMPERATUR
Verkapselung, Herstellung von Sphären	Kammervakuumierer (optional)	zimmerwarm

TABOULÉ

1 reife Tomate, 1 Bd. Blattpetersilie, einige Minzeblätter, 650 g Hanfsamen, 50 ml Gurkenfond (siehe Grundrezept S. 190), 50 ml Tomatenfond (siehe Grundrezept S. 196), 1 Prise Meersalz, ¼ sehr fein gehackte grüne Thaichili, ¼ sehr fein gehackte Knoblauchzehe, 3–4 EL kalt gepresstes Olivenöl, Saft von 1 Zitrone, Saft von ½ Orange

Tomate häuten, vierteln, entkernen und in feine Würfel schneiden. Blattpetersilienblätter vom Stängel zupfen und zusammen mit den Minzeblättern gründlich waschen, trocken tupfen und in sehr feine Streifen schneiden. Hanfsamen zusammen mit dem Gurken- und Tomatenfond mischen, mit etwas Meersalz, Chili und Knoblauch abschmecken. Olivenöl, Zitronen- und Orangensaft und die geschnittenen Kräuter unterheben und nochmals würzig abschmecken.

JOGHURT

200 g Joghurt, 100 g Ziegenjoghurt, 30 ml Gurkenwasser, 30 g Honig, 1 Prise Meersalz, 5 gestrichene Portionslöffel Calazoon, 8 gestrichene Portionslöffel Algizoon

Joghurt mit dem Ziegenjoghurt, Gurkenwasser, Honig und Meersalz mischen, Calazoon zugeben und mit einem Stabmixer gründlich pürieren. Die Masse so lange stehen lassen, bis sich alles wieder gesetzt hat und keine Luftblasen mehr vorhanden sind. Oder die Masse in einen großen Vakuumbeutel geben und voll vakuumieren, das beschleunigt den Prozess enorm. Algizoon mit einem Stabmixer in 1 l Wasser einarbeiten, ebenfalls stehen lassen, bis sich keine Luftblasen mehr in der Masse befinden, oder ebenfalls voll vakuumieren, um den Prozess zu beschleunigen. Mit einem großen Portionslöffel die Joghurtmasse in das Algizoonbad fließen lassen und die Sphäre verschließen. Einige Minuten im Algizoonbad ziehen lassen, mit einer Schaumkelle vorsichtig herausheben und in klarem Wasser spülen. Mit den weiteren Sphären ebenso verfahren.

ANRICHTEN

1 Grenadillo, 1 Kiwano, 1 EL gefriergetrocknete Paprikastücke, ½ fein gewürfelte gelbe Paprika, Kerne von ½ Granatapfel, Abrieb von ½ unbehandelten Zitrone, 1 Prise Hibiskussalz

Grenadillo und Kiwano halbieren und das Fruchtfleisch mit einem Löffel heraustrennen. Taboulé rund anrichten, mit den übrigen Zutaten ausgarnieren und je 1 Sphäre in der Mitte des Tellers platzieren, mit etwas Zitronenabrieb und Hibiskussalz garnieren und sofort servieren.

TIPP

Olivenöl-Liebhaber sollten hier noch ein wenig pfeffriges, kalt gepresstes Olivenöl darübergeben.

Tomatensalat esskunst
mit Ricotta, Daikonkresse und Knoblauch

TECHNIK
Trocknen

SPEZIALEQUIPMENT
Dehydrator

VERZEHRTEMPERATUR
zimmerwarm

TOMATEN

1 grüne Tomate, 10 rote Eierkirschtomaten, 16 gelbe Eierkirschtomaten, 4 kleine rote Kirschtomaten, 2 EL kalt gepresstes Olivenöl, 1 Prise Meersalz, Saft und Abrieb von 1 unbehandelten Limette, 1 Prise Rohrzucker, 200 g Ricotta, 1 EL Zitronenöl

Alle Tomaten gründlich waschen. 2 große rote Kirschtomaten mit der Aufschnittmaschine quer in feine Scheiben schneiden, auf eine Backmatte legen und mit etwas Olivenöl und Meersalz bestreuen. Die kleinen roten Kirschtomaten, 4 große Kirschtomaten und 12 kleine gelbe Kirschtomaten für einige Sekunden in kochendes Wasser geben und sofort im Eiswasser abkühlen. Die Tomaten häuten und mit etwas Limettensaft, Zucker, Meersalz und Olivenöl marinieren, anschließend ebenfalls auf die Backmatte legen und bei 48 °C für 12 Stunden trocknen. Die grünen Tomaten halbieren und in dicke Scheiben schneiden. 2 rote Eiertomaten quer in Scheiben schneiden. 4 kleine gelbe Kirschtomaten ebenfalls quer in dicke Scheiben schneiden. Ricotta mit etwas Zitronenöl, Meersalz, Limettensaft und Olivenöl anmachen und bis zur Verwendung kalt stellen.

ANRICHTEN

1 Schale rote Daikonkresse, 1 Schale Mustard Cress, 3 Stängel Thaibasilikum, 6 gemahlene Knoblauchchips (siehe Grundrezept S. 192), etwas grobes Meersalz, kalt gepresstes Olivenöl

Die verschiedenen Tomaten im Wechsel mit der Ricottacreme anrichten und mit Daikonkresse, Mustard Cress, Thaibasilikum, gemahlenen Knoblauchchips, Tomatenchips, Meersalz und etwas Olivenöl anrichten und servieren.

Paprikasmoothie
mit Herbsttrompeten, Hüttenkäse und roten Zwiebeln

TECHNIK
Trocknen
Entsaften
kaltes Marinieren unter Vakuum

SPEZIALEQUIPMENT
Dehydrator
Entsafter
Kammervakuumierer

VERZEHRTEMPERATUR
zimmerwarm

PAPRIKA

2 Zweige Zitronenthymian, 800 g rote Spitzpaprika, 3 EL kalt gepresstes Olivenöl, ½ Knoblauchzehe, 1 Prise Zucker, etwas Meersalz, 100 ml Tomatenfond, ¼ rote Thaichili, 1–2 EL Mangopüree, 1 Spritzer Liquid Smoke oder Holzkohleöl

Thymian waschen und trocken tupfen. Paprika waschen, entkernen und in grobe Stücke schneiden, mit gezupftem Thymian, Olivenöl, klein geschnittenem Knoblauch, Zucker und Meersalz mischen und auf einer Backmatte verteilt im Dehydrator bei 58 °C für 6 Stunden trocknen. Mit den restlichen Zutaten entsaften und pikant abschmecken.

HERBSTTROMPETEN

50 g schwarzer Trüffel, 6 Herbsttrompeten, 1 Spritzer Sojasauce, 1 Spritzer Trüffelöl, 1 Spritzer Tomatenkernöl oder Pflanzenöl, 2 Spritzer Tomatenfond, 1 Prise Meersalz

Trüffel fein hacken. Herbsttrompeten gründlich putzen, fein hacken, mit den übrigen Zutaten abschmecken und mit dem Trüffel mischen. Bis zur Verwendung abgedeckt beiseitestellen.

ROTE ZWIEBELN

2 Blätter Basilikum, 1 rote Zwiebel, 1 Tomate, etwas Meersalz, 1 Prise gemahlener Kubeben-Pfeffer, 1 Msp. fein gehackter Knoblauch, 1 Prise Rohrzucker, 1 Spritzer Zitronensaft

Basilikum waschen, trocken tupfen und abgedeckt kalt stellen. Zwiebel schälen und in feine Würfel schneiden. Tomate kurz im kochenden Wasser blanchieren, im Eiswasser abschrecken, häuten, entkernen und fein würfeln. Tomate mit Meersalz und Pfeffer abschmecken und für 4 Stunden trocknen. Die Zwiebelwürfel mit Meersalz, Knoblauch, Rohrzucker, Pfeffer, Zitronensaft und 2 Blättern fein geschnittenem Basilikum mischen, in einen Vakuumbeutel geben und für 2 Stunden voll vakuumiert marinieren. Anschließend Zwiebel- und Tomatenwürfel mischen und ggf. abermals würzig abschmecken.

ANRICHTEN

4 Herbsttrompeten, 200 g Hüttenkäse, 1 EL Zitronensaft, etwas Meersalz, 4 Scheiben getrocknete Kirschtomate, 4 Blätter Basilikum, 1 Prise Meersalz

Herbsttrompeten gründlich putzen und mit der Zwiebel-Tomaten-Mischung füllen. Hüttenkäse mit Zitronensaft und Meersalz würzig-säuerlich abschmecken. Schichtweise Trüffelmasse und Hüttenkäse in ein Glas füllen und behutsam mit dem Paprikafond aufgießen. Gefüllte Trompeten mit Tomatenscheiben und Basilikum garnieren und servieren.

Karottennudeln
mit Mango, Mini-Kiwi und Purple Curry

TECHNIK	SPEZIALEQUIPMENT	VERZEHRTEMPERATUR
kaltes Marinieren unter Vakuum	Kammervakuumierer	gekühlt bis zimmerwarm

KAROTTEN

2 reife Mangos, 8–10 Karotten, 1–2 Passionsfrüchte, 1 frische Kokosnuss, ½ rote Thaichili, 1 Prise Rohrzucker, 1 EL Fischsauce, 1 Prise Meersalz

Mangos schälen und am Kern entlang in Hälften schneiden. Die Mangohälften in Streifen schneiden und beiseitestellen. Das verbliebene Fruchtfleisch vom Kern lösen und die Abschnitte aufheben. Karotten schälen und auf einer Aufschnittmaschine längs in Scheiben schneiden, anschließend längs in feine Streifen schneiden und in einen Vakuumbeutel geben. Passionsfrüchte halbieren, das Fleisch mit einem Löffel herauskratzen und zu den Karottenstreifen geben. Frische Kokosnuss aufbrechen, das Wasser auffangen und die Kokosnuss halbieren. Das weiche Fleisch mit einem Löffel aus der Kokosnuss kratzen und zusammen mit dem Wasser, den Mangoabschnitten und etwas Chili in einem Mixer fein pürieren. Kokos-Mango-Gemisch mit den restlichen Zutaten würzig abschmecken und zu den Karottenstreifen geben, gut durchmischen und voll vakuumiert für 12 Stunden marinieren lassen.

ANRICHTEN

6–8 Mini-Kiwis, einige Kokosraspeln aus frischer Kokosnuss, 2–3 Stängel Bronzefenchel, 1 Prise Purple Curry

Mini Kiwi gründlich waschen und quer in Scheiben schneiden. Karottennudeln aus der Marinade nehmen und mit den Mangostreifen vorsichtig mischen. Mit einer Fleischgabel aufgedreht anrichten. Mit Kokosraspeln, Bronzefenchel, Mini-Kiwis und Purple Curry garnieren und sofort servieren.

TIPP

Verwenden Sie hier unbedingt auch einmal andere Karottensorten, wie z. B. eine Urkarotte.

Palmherz
mit Avocado, Passionsfrucht und Kaktusfeige

TECHNIK
kaltes Marinieren unter Vakuum
Trocknen

SPEZIALEQUIPMENT
Kammervakuumierer
Dehydrator

VERZEHRTEMPERATUR
gekühlt bis zimmerwarm

PALMHERZ

1–1,2 kg frisches Palmherz, Saft von 1–2 unbehandelten Passionsfrüchten, ½ TL frisch geriebener Ingwer, ½ TL Mysterium Libarius (siehe Glossar S. 203), 2 TL Meersalz, 1–2 EL Zucker, 2–3 EL Reisessig, 1 Spritzer Fischsauce

Die Palmherzen mit Bedacht in dicke Scheiben schneiden und nebeneinander in einen Vakuumbeutel geben, zusammen mit den übrigen Zutaten vermischen und voll vakuumiert für 12 Stunden gekühlt marinieren.

AVOCADO

2 Avocados (Fuerte), 2 EL frisches Kokosfleisch, 2 EL kalt gepresstes Olivenöl, Saft von 1 Zitrone, ½ fein gehackte Thaichili, 1 dünne Scheibe Knoblauch (sehr fein gehackt), 1 Spritzer Kokoswasser, 1 Prise Meersalz

Avocado halbieren, entkernen und das Fleisch mit einem Teelöffel aus der Schale kratzen. Zusammen mit den restlichen Zutaten im Mixer zu einer Creme verarbeiten und säuerlich-pikant abschmecken.

PINIENKERNE

80 g Pinienkerne, 1 Schale rote Shiso-Kresse, frische Blütenblätter (Veilchen, Bellis), Saft von 1 unbehandelten Zitrone, 2 EL Rohrzucker, 1 Prise Meersalz

Pinienkerne grob hacken, Shiso- und Blütenblätter grob zupfen, zusammen mit dem Zitronensaft, Rohrzucker und Meersalz gut vermengen und ausgebreitet auf eine Backmatte legen. Bei 48 °C für 24 Stunden knusprig trocknen.

MINZEDIP

¼ Bd. Minze, 3 Schalen grüne Shiso-Kresse, Saft von 2 passierten Passionsfrüchten, 2 EL Rohrzucker, ¼ fein gehackte Thaichili, 3 EL Pinienkerne

Kräuter gründlich waschen, trocken tupfen, die Blätter zupfen und zusammen mit dem Passionsfruchtsaft, Zucker und der Chili sehr fein pürieren. Kurz vor Ende die Pinienkerne zugeben und nochmals sehr fein pürieren. Alternativ alle Zutaten in einen Pacojet-Becher füllen, für 20 Stunden einfrieren und anschließend pacossieren.

ANRICHTEN

1 Kaktusfeige, 1 Schale rote Shiso-Kresse

Kaktusfeige halbieren, das Fruchtfleisch herauskratzen und durch ein grobes Sieb streichen. Aus der Avocadocreme je 2 Nocken formen und anrichten. Die Palmherzstücke mit etwas Marinierfond anrichten und mit roter Shiso-Kresse, Pinienkernkrokant, Minzedip und Kaktusfeigenpüree garnieren und servieren.

Pilzsalat

mit Dörrbirne, Trüffel und Nüssen

Pilzsalat

mit Dörrbirne, Trüffel und Nüssen

TECHNIK
kaltes und warmes Marinieren unter Vakuum
Trocknen

SPEZIALEQUIPMENT
Kammervakuumierer
Dehydrator

VERZEHRTEMPERATUR
zimmerwarm

PILZSALAT

4 Shiitake-Pilze, 8 weiße Champignons, 40 ml Tomatenfond (siehe Grundrezept S. 196), 2 EL Sojasauce, 1 Prise Meersalz, kalt gepresstes Olivenöl, Butter

Pilze putzen und mit den übrigen Zutaten in einen Vakuumbeutel geben, voll vakuumieren und bei 58 °C für 35 Minuten marinieren. Anschließend erkalten lassen und bis zur Verwendung gekühlt lagern.

BIRNE

1 reife Birne (Gute Graue oder Uta), Mark von ¼ Vanilleschote, 1 EL Orangensaft, ½ EL Rohrzucker, 1 Spritzer Zitronensaft

Aus der Birne mit einem Kugelausstecher Kugeln drehen, mit den restlichen Zutaten in einen Vakuumbeutel geben und voll vakuumiert für 6 Stunden gekühlt marinieren.

GEMÜSE

NUSSMAYO

1 Eigelb, 40 ml Haselnussöl, 40 ml Sonnenblumenöl, 4 EL Arganöl, 40 g Haselnüsse, 40 g Pekannüsse, 1 Spritzer Orangensaft, 1 Spritzer Birnensaft, 1 Prise Meersalz, 1 Prise Zucker

Eigelb und Öl zu einer Mayonnaise rühren. In einem Mixer die Nüsse pulverisieren. Nussmehl und Mayonnaise zusammenrühren und würzig mit Orangensaft, Birnensaft, Zucker und Meersalz abschmecken.

BIRNENKISSEN

1–2 reife Birnen (Gute Graue oder Uta), ½ TL Curry Mumbai, 3 EL Rohrzucker, 1 EL BASIC textur, 1 Prise Ascorbinsäure (Vitamin C)

Birnen schälen, entkernen und für wenige Sekunden in eine 1000-Watt-Mikrowelle geben. Anschließend in einem Mixer mit den übrigen Zutaten zu einer homogenen Masse mixen und dünn auf eine Backmatte streichen. Bei 52 °C für 24 Stunden trocknen, nach 12 Stunden die Folie von der Backmatte lösen und umdrehen, dann trocknet diese schneller. Wenn die Folie noch biegsam ist, mit einer Schere 5 cm breite und 10 cm lange Streifen herausschneiden, zu kleinen Päckchen formen und weitertrocknen, bis sie beim Erkalten erhärten.

PISTAZIENPESTO

6 EL Pistazienkerne, 6 EL Kürbiskerne, 4 EL Kürbiskernöl, 6 EL Pistazienöl, 1 Scheibe Knoblauchchips (siehe Grundrezept S. 192), ½ schwarzer Trüffel, 1 Prise Zucker, 1 Prise Macis, 1 Prise Zimtblüte, 1 Prise Meersalz

Aus allen Zutaten im Mörser ein Pesto herstellen und würzig abschmecken.

KAKTUSFEIGE

1 Kaktusfeige, 1 Spritzer heller Balsamico, 1 Prise Rohrzucker, BASIC textur zum Binden

Kaktusfeige halbieren, das Fruchtfleisch herauskratzen und durch ein grobes Sieb streichen. Mit den übrigen Zutaten süß-sauer abschmecken, ggf. leicht binden.

ANRICHTEN

4 Dörrbirnen (Kletzen), 4 grüne Oxalisblätter, 2 Stängel Kerbel, 4–8 Stängel Micro Amaranth, 1 kleiner Trüffel

Kaktusfeige, Pistazienpesto und Nussmayo anrichten. Die Pilze aus der Marinade nehmen, abtropfen lassen und zugeschnitten darauf anrichten. Dörrbirnen, Birnenkugeln und Birnenkissen ebenfalls anrichten und mit Oxalis, Kerbel und Amaranth garnieren. Etwas Trüffel darüberhobeln und servieren.

TIPP

Der gesamte Teller kann mit einer Glocke abgedeckt mit Rauch darunter serviert werden. Dadurch bekommt die Speise eine leicht rauchige Note.

Zucchini-Tagliatelle
mit Knoblauch, Makrele und Kirschtomaten

TECHNIK
kaltes Marinieren unter Vakuum
Trocknen

SPEZIALEQUIPMENT
Kammervakuumierer
Dehydrator

VERZEHRTEMPERATUR
gekühlt bis zimmerwarm

ZUCCHINI-TAGLIATELLE

2 gelbe Zucchini, 2 grüne Zucchini, 2 Stängel Thaibasilikum, 50 ml Tomatenfond aus getrockneten Tomaten (siehe Grundrezept S. 196), Saft von 1 Zitrone, ¼ rote Thaichili (in feine Ringe geschnitten), 1 Spritzer Sojasauce, 1 Spritzer Reisessig, 1 TL Misopaste, 1 Prise Meersalz

Zucchini gründlich waschen, Blüte und Stiel entfernen, längs halbieren und mit einer Aufschnittmachine in 0,3 cm breite Streifen schneiden. Thaibasilikum waschen, die Blätter zupfen und fein schneiden, dabei einige Blätter in Eiswasser zurückhalten. Die übrigen Zutaten außer dem Basilikum und der Chili mit einem Stabmixer aufmixen und zusammen mit den Zucchinischeiben, dem Basilikum und der Chili in einen Vakuumbeutel geben und voll vakuumiert für 4 Stunden gekühlt marinieren.

MAKRELE

1 Makrele (Sashimi-Qualität)

Makrele ausnehmen, filetieren und gründlich säubern. In einem Küchenpapier gerollt beiseitestellen.

TOMATE

12 rote Kirschtomaten, 8 gelbe Kirschtomaten, 4 Scheiben Knoblauchchips, gemahlen (siehe Grundrezept S. 192), 1 Prise Rohrzucker, 1 Prise Meersalz, 1 EL kalt gepresstes Olivenöl

Kirschtomaten für einige Sekunden in kochendes Wasser geben und sofort im Eiswasser abkühlen. Die Tomaten häuten und mit etwas Knoblauch, Zucker, Meersalz und Olivenöl marinieren, anschließend auf eine Backmatte legen und für 6 Stunden bei 48 °C trocknen.

ANRICHTEN

2–3 EL kalt gepresstes Olivenöl, einige Knoblauchchips (siehe Grundrezept S. 192), Basilikumblätter, 1 Prise Meersalz

Zucchinischeiben aus der Marinade nehmen, diese dabei auffangen. Zucchinischeiben im Wechsel übereinanderlegen und daraus Röllchen drehen. Die aufgedrehten Zucchiniröllchen mittig anrichten. Makrele mit etwas Olivenöl bestreichen und quer in gleichmäßige Stücke schneiden. Tomaten und Makrele ebenfalls anrichten und mit etwas Fond, Knoblauchchips, Basilikumblättern und Meersalz garnieren und servieren.

TIPP

Sie können den Tomatenfond auch mit etwas Emulzoon zu einem stabilen Schaum aufmixen.

GEMÜSE

Gazpacho esskunst

TECHNIK
kaltes Marinieren unter Vakuum
Pacossieren

SPEZIALEQUIPMENT
Kammervakuumierer
Pacojet

VERZEHRTEMPERATUR
gekühlt

PAPRIKA

¼ Bd. Schnittlauch, 4 gelbe Minipaprika, 1 EL Pinienkerne, 2 Knoblauchchips (siehe Grundrezept S. 192), etwas kalt gepresstes Olivenöl, 4 EL getrocknete Tomaten, etwas schwarzer Pfeffer aus der Mühle

Schnittlauch in sehr feine Ringe schneiden. Gelbe Paprika waschen, quer in gleich große Segmente schneiden, entkernen und die Abschnitte aufbewahren. Pinienkerne, Knoblauchchips und etwas Olivenöl in einem Mörser fein zerstoßen. Getrocknete Tomaten fein hacken, zusammen mit dem Pinienkernmus und den übrigen Zutaten mischen und würzig abschmecken. Paprika mit der Tomatenmasse füllen und bis zur Verwendung abgedeckt beiseitestellen.

EIS

5 rote Paprika, 2 sehr reife Tomaten, 50 ml kalt gepresstes Olivenöl, 2–3 EL BASIC textur, 2 Scheiben Knoblauchchips (siehe Grundrezept S. 192), ½ fein gewürfelte Schalotte, 1 TL Pimenton, etwas Rohrzucker, etwas Meersalz, 1 Spritzer Zitronensaft

Paprika und Tomaten gründlich waschen, Paprika halbieren und das Kerngehäuse heraustrennen, in kleine Stücke schneiden. Tomaten in grobe Stücke schneiden. Alle Zutaten in einem Mixer kurz pürieren, final noch einmal kräftig abschmecken und in einen Pacojet-Becher füllen, für mindestens 20 Stunden einfrieren.

TOMATE

4 reife Tomaten, etwas Meersalz

Tomaten in Vierecke schneiden und die Abschnitte aufbewahren. Vor dem Anrichten leicht mit Meersalz würzen.

GURKE

1 Gartengurke, ½ Zitrone, 1 fein gewürfelte Schalotte, 1 Spritzer heller Balsamico, etwas Meersalz, etwas Zucker

Gurke gründlich waschen, Stiel und Blüte entfernen und quer halbieren. Auf einer Aufschnittmaschine längs in acht 0,3–0,4 cm dicke Scheiben schneiden. Zusammen mit den übrigen Zutaten in einen Vakuumbeutel geben und voll vakuumiert 2 Stunden gekühlt marinieren lassen. Die restliche Gurke schälen und für den Fond beiseitestellen.

FOND

1 Zweig Thymian, 1 Zweig Rosmarin, Gemüseabschnitte (Tomate, Paprika, Schalotte, Gurke), 1 rote Paprika, 2 Tomaten, 1 EL Tomatenflocken, 1–2 Scheiben Knoblauchchips (siehe Grundrezept S. 192), ¼ Thaichili, etwas Wasser, etwas Meersalz

Thymian und Rosmarin gründlich waschen, trocken tupfen und die Blätter zupfen. Alle Zutaten in einem Mixer kurz pürieren und durch ein sehr feines Superbag oder Passiertuch abseihen. Pikant abschmecken und bis zum Auftragen abgedeckt kalt stellen.

ANRICHTEN

1 fermentierte Schalotte (in Scheiben), ½ rote Thaichili, 1 Schale Rock Chives, 8 Blätter Borage Cress, 2 EL Olivenkaviar, etwas Meersalz, 2–3 EL kalt gepresstes Olivenöl, etwas BASIC textur zum Binden

Gurke aus der Marinade nehmen, abtropfen lassen und die Schalotten auffangen. 4 Gurkenstreifen aufrollen und zusammen mit den nicht aufgerollten anrichten, Schalottenwürfel aufsetzen. Tomate mittig auf den Gurkenstreifen setzen und die gefüllte Paprika ebenfalls anrichten. Paprikaeis pacossieren und auf die Tomate setzen. Mit Rock Chives, Borage Cress, fermentierter Schalotte, Olivenölkaviar und Chilistreifen garnieren. Den Fond leicht mit etwas Olivenöl montieren und ggf. leicht binden und angießen.

Seidentofu
mit Karotten, Erbsen und Yuzu

TECHNIK
kaltes Marinieren unter Vakuum

SPEZIALEQUIPMENT
Kammervakuumierer
Aufschnittmaschine

VERZEHRTEMPERATUR
gekühlt

SEIDENTOFU

1 Bd. Schnittlauch, 1 Prise Zucker, 1 Prise Meersalz, Saft von ½ unbehandelten Limette, 1 Seidentofu

Schnittlauch gründlich waschen und zusammen mit etwas Zucker, Meersalz und Limettensaft in einen Vakuumbeutel geben und voll vakuumiert mindestens 6 Stunden marinieren, dadurch wird der Schnittlauch biegsam. Seidentofu in 4 gleichmäßige Stücke teilen und anschließend mehrere Halme Schnittlauch um je 1 Tofu wickeln. Bis zur Verwendung abgedeckt kühl stellen.

KAROTTEN

3 Karotten, 4 Wasserkastanien, Saft von 1 unbehandelten Limette

Karotten und Wasserkastanien schälen und mit einer mittleren Microplane-Reibe grob reiben. Den Abrieb im Eiswasser knackig halten und den Limettensaft zugeben.

ERBSEN

8 Erbsenschoten

Die Erbsenschoten aufbrechen, die Hälfte der Erbsenkerne entnehmen und bis zum Anrichten beiseitestellen.

YUZU

100 ml Tomatenfond (siehe Grundrezept S. 196), 100 ml Gurkenfond (siehe Grundrezept S. 190), 6 EL Yuzusaft, 1 EL Mirin, 1 EL Sojasauce 1 TL Misopaste, 1 Msp. fein gehackte rote Thaichili, 1 Prise Meersalz

Alle Zutaten mit einem Zauberstab zu einem pikant-säuerlichen Fond mixen.

ANRICHTEN

2 kleine rote Zwiebeln, 3–4 kleine Radieschen, Pea Shoots, 1 Schale rote Mustard Cress, 2 EL Sojakeime, 1 Schale Shiso-Kresse, 1 Handvoll Bonitoflocken, 1 EL Erdnusskrokant (siehe Grundrezept S. 189)

Rote Zwiebeln schälen und mit einer Aufschnittmaschine in sehr feine Ringe schneiden, anschließend im Eiswasser knackig halten. Radieschen gründlich waschen, mit der Aufschnittmaschine in sehr feine Ringe schneiden und ebenfalls im Eiswasser knackig halten. Karottensalat aus dem Eiswasser nehmen, trocken tupfen und mittig in tiefe Teller geben. Pea Shoots, Mustard Cress und Sojakeime ebenfalls anrichten. Den Seidentofu aufsetzen und mit den Zwiebeln, Erbsen, Shiso-Kresse und Bonitoflocken garnieren. Geöffnete Erbsenschoten und Erdnusskrokant verteilen, Yuzusud angießen und servieren.

Tomatenshot
mit Frischkäse, Schnittlauch und Steinpilz

TECHNIK	SPEZIALEQUIPMENT	VERZEHRTEMPERATUR
kaltes Marinieren unter Vakuum	Kammervakuumierer	gekühlt

SHOT

2 EL Tomberries, 1 kleine Stange Galadium, 1 Prise Zucker, 1 Prise Meersalz, 1 Spritzer Zitronensaft, ½ kleine rote Zwiebel, 1–2 kleine Steinpilze, einige Blätter Wasabirauke, 4 gelbe Kirschtomaten, 4 halbe getrocknete Kirschtomaten

Tomberries halbieren, Galadium in sehr feine Scheiben schneiden und zusammen mit etwas Zucker, Meersalz und Zitronensaft in einen Vakuumbeutel geben und voll vakuumiert für 4 Stunden gekühlt marinieren. Rote Zwiebel schälen, vierteln und in sehr feine Streifen schneiden. Steinpilze gründlich putzen, ebenfalls in sehr feine Scheiben schneiden und zusammen mit den übrigen Zutaten zu gleichen Teilen in Gläser verteilen.

FLÜSSIGKEIT

120 ml Tomatenfond aus getrockneten Tomaten (siehe Grundrezept S. 196), 220 ml Tomatenfond (siehe Grundrezept S. 196), 1 Prise Meersalz, 1 Spritzer Zitronensaft, 1 Spritzer heller Balsamico, Zucker, BASIC textur zum Binden

Tomatenfonds mischen und würzig-säuerlich erfrischend abschmecken, ggf. mit BASIC textur leicht binden und in Gläser füllen.

TOPPING

120 g Frischkäse, 1 Prise Meersalz, 1 Spritzer Zitronensaft, 4 halbe getrocknete Kirschtomaten, ½ Bd. sehr fein geschnittener Schnittlauch, 8 Kirschtomatenchips (siehe Grundrezept S. 191)

Frischkäse mit Meersalz und Zitronensaft leicht würzen. 4 kleine Kugeln, gefüllt mit je 1 Kirschtomate, formen und anschließend von zwei Seiten leicht zylindrisch eindrücken. Frischkäsezylinder im Schnittlauch wälzen und beidseitig mit den Kirschtomatenchips versehen und auf einen Spieß stecken.

ANRICHTEN

Spieß mit Frischkäsepraline auf den Glasrand setzen und sofort servieren.

TIPP

Der Spieß sollte eine eckige Beschaffenheit haben, damit er auch auf dem Glasrand in Position bleibt und nicht herumschaukelt.

Eisberg
mit Knoblauch, Parmesan und Daikon

TECHNIK	SPEZIALEQUIPMENT	VERZEHRTEMPERATUR
kaltes Marinieren unter Vakuum	Kammervakuumierer	gekühlt
Trocknen	Dehydrator	

EISBERG

2 Köpfe Eisbergsalat, ½–1 EL Meersalz, 3 EL Zucker, 1 EL heller Balsamico, 1 TL Dijon-Senf, Saft von 1 unbehandelten Zitrone

Aus den Eisbergsalatköpfen 4 Segmente schneiden. Die übrigen Zutaten mit 100 ml Wasser zu einem Dressing verrühren und zusammen mit den Salatköpfen in einen Vakuumbeutel geben und voll vakuumiert für 2–3 Stunden gekühlt marinieren.

DRESSING

2 Eigelb, 150 g Rapsöl, 2–3 fermentierte Anchovis, 2 EL Reisessig, 2 EL Joghurt, 1 EL Sojasauce, 1 EL helle Miso-Paste, 1 EL sehr fein gewürfelte Schalotten, 1 EL geriebener Parmesan, ½ TL Dijon-Senf, Saft und Abrieb von ½ unbehandelten Zitrone, 5 fein gehackte Knoblauchchips (siehe Grundrezept S. 192), etwas Meersalz

Aus Eigelb und Öl in einem Mixer eine Mayonnaise herstellen, nach und nach die übrigen Zutaten einarbeiten.

SPECKCHIPS

8 Scheiben luftgetrocknetes Bauchfleisch (Vulcano), dünn geschnitten

Die Speckscheiben auf eine Backmatte legen und bei 48 °C für 18 Stunden trocknen.

ANRICHTEN

1 Prise zerstoßener Tasmanischer Pfeffer, 1 EL geriebener Parmesan, 2 Schalen grüne Daikonkresse, 1 Schale Rock Chives, einige Blätter Micro-Blutampfer,

Die Eisbergköpfe aus der Marinade nehmen, gut abtropfen lassen und etwas vom Saft in das Dressing rühren. Mittig etwas Dressing platzieren und je 1 Kopf aufsetzen. Mit Speckchips, Tasmanischem Pfeffer und Parmesan ausgarnieren. Aus Daikonkresse, Rock Chives und Blutampfer eine Kräutermischung herstellen, auf die Salatköpfe setzen und servieren.

TIPP

Den Salat unbedingt eiskalt servieren, dann ist er ein wirklich erfrischender Sommerbegleiter.

GEMÜSE

Kraut & Rüben

TECHNIK
kaltes Marinieren unter Vakuum
Trocknen

SPEZIALEQUIPMENT
Kammervakuumierer
Dehydrator

VERZEHRTEMPERATUR
zimmerwarm

Idealerweise schneiden Sie alle nachstehenden Gemüsearten in 10 x 2 x 0,3 cm dünne Scheiben. Die Gemüsescheiben einzeln mit den jeweiligen Zutaten würzen und übereinandergeschichtet voll vakuumiert mindestens 6 Stunden marinieren.

KAROTTEN/YUZUMAYO

1 große Karotte, ½ TL Curry-Jaipur, etwas Meersalz, etwas Rohrzucker, Saft von 1 Orange

GELBE RÜBEN/KÜRBISKERN

1 Gelbe Rübe, etwas Meersalz, etwas Rohrzucker, Saft von 1 unbehandelten Orange

ZUCCHINI/ROTE BETE

1 Zucchini, 3 Stängel Bohnenkraut, etwas Meersalz, etwas Rohrzucker, Saft von 1 unbehandelten Zitrone

ROTER RETTICH/MEERRETTICH

1 roter Rettich, etwas Meersalz, etwas Rohrzucker, Saft von 1 Zitrone

RETTICH/SESAM

½ Rettich, 1 EL Zatar (Gewürzmischung), etwas Meersalz, etwas Rohrzucker, Saft von 1 Zitrone

FÜLLUNG 1: YUZUMAYO

2 Eigelb, 30 ml Limonenöl, 120 ml Sesamöl, 120 ml Erdnussöl, 2 EL Frischkäse, 2 EL Yuzusaft, ¼ sehr fein gehackte rote Thaichili, ¼ TL fein geriebener Ingwer, 1 Msp. Ascorbinsäure, 1 Prise Zucker, etwas Meersalz, BASIC textur

Aus allen Zutaten eine Mayonnaise herstellen und würzig abschmecken, ggf. mit BASIC textur leicht binden.

FÜLLUNG 2: KÜRBISKERN

1 Avocado, 1 gehäutete und entkernte reife Tomate, ½ fein gehackte Knoblauchzehe, 150 g Kürbiskerne, ½ fein gehackte grüne Thaichili, 1 Schalotte, Saft von 1 Clementine, 1 TL gemahlener Anis, 1 Bd. Koriander, 2 EL Kürbiskernöl, 1 Msp. Zimt, etwas Meersalz

Aus allen Zutaten im Mixer eine Paste herstellen, in einen Spritzbeutel füllen und kalt stellen.

FÜLLUNG 3: ROTE BETE

5 EL Rote-Bete-Granulat, 5 EL Birnenpüree, 4 EL Pinienkerne, 1–2 TL Meerrettich, 300 g Hüttenkäse, Saft und Abrieb von ½ unbehandelten Zitrone, etwas Meersalz, 1 Prise Zucker

Alle Zutaten bis auf den Hüttenkäse in einem Mixer zu einer Creme pürieren. Hüttenkäse in einem Tuch ausdrücken und unter die Creme heben. Pikant-frisch abschmecken, in einen Spritzbeutel füllen und kalt stellen.

FÜLLUNG 4: MEERRETTICH

100 ml Apfelpüree, 1–2 EL fein geriebener Meerrettich, 1–2 Eigelb, 200 ml Traubenkernöl, 1 EL Apfelessig, etwas Meersalz, Marinierfond, 1 Prise Zucker, BASIC textur

Das Apfelpüree ausdrücken. Aus den restlichen Zutaten eine Mayonnaise herstellen, Apfelpüree unterheben und würzig abschmecken. Die Masse in einen Spritzbeutel füllen und kalt stellen.

FÜLLUNG 5: SESAM

½ Mango, 100 g Tahin, 100 g Erdnüsse, 1 geschälte Zucchini, 2–3 EL Reisessig, 3 EL Misopaste, Saft von 1 Zitrone, etwas Meersalz, 1 Prise Zucker

Mango schälen, das Fleisch komplett vom Kern trennen und zusammen mit den übrigen Zutaten in einem Mixer fein pürieren und würzig abschmecken. In einen Spritzbeutel gefüllt kalt stellen.

GARNITUR

3 EL Rohrzucker, 3 EL Zitronensaft, 1 Mini-Urkarotte, 1 Mini-Gelbe-Rübe

Zucker und Zitronensaft mit einem Stabmixer pürieren. Urkarotte und Gelbe Rübe schälen, längs dünn aufschneiden und mit dem Zitronen-Zucker-Gemisch in einem Vakuumbeutel geben und voll vakuumiert für 2 Stunden marinieren. Anschließend gut abgetropft auf eine Backmatte legen und bei 48 °C für 24 Stunden trocknen.

ANRICHTEN

1 Schale Daikonkresse, 1 Schale grüne Mustard Cress, 1 Schale Shiso-Kresse, Erbsensprossen, Tasmanischer Pfeffer

Alle Gemüsestreifen zu beliebig großen Röllchen aufrollen und nebeneinander auf eine große Platte in beliebiger Reihenfolge anordnen. Anschließend die jeweiligen Füllungen in die Röllchen spritzen und mit den Kressen und Rübenchips garnieren.

TIPP

Diese Art der Präsentation wird Ihre Gäste sicherlich nicht nur optisch begeistern. Sie ist eine schöne Alternative zu den bekannten Gemüsesticks mit Dip. Beachten Sie beim Kauf der Gemüse die Breite, das macht Ihnen die Arbeit leichter. Alle Abschnitte können Sie entsaftet und säuerlich pikant noch als flüssige Zugabe Ihren Gästen reichen. Die einzelnen Gemüse können auch im Vakuum bei 58 °C für 50 Minuten warm mariniert werden.

OBST

Pomelo
mit Yuzu, Zitronengras und roten Zwiebeln

TECHNIK	SPEZIALEQUIPMENT	VERZEHRTEMPERATUR
Trocknen	Dehydrator Aufschnittmaschine	gekühlt

POMELO

1 Stange Zitronengras, 1–2 Pomelos, 4 EL fermentierte Fischsauce, 4 EL Yuzusaft, 1 rote Thaichili, 1 Prise Zucker, 1 Prise Meersalz, 1 Spritzer Reisessig

Zitronengras von den äußeren Blättern befreien und quer in sehr feine Ringe schneiden. Pomelo schälen und die einzelnen Segmente zwischen den weißen Häuten herauslösen. Mit den restlichen Zutaten abschmecken und beiseitestellen.

KUMQUATS

3–4 Kumquats, 4 EL Rohrzuckersirup oder kalt gemixter Läuterzucker

Kumquats gründlich waschen und quer sehr dünn mit der Aufschnittmaschine aufschneiden. Die Kumquatscheiben einzeln durch den Rohrzuckersirup ziehen und auf einer Backmatte nebeneinander platzieren. Im Dehydrator bei 48 °C über Nacht mindestens 18 Stunden trocknen, bis sie knusprig sind.

ANRICHTEN

1 Orange, 1 Pink Grapefruit, 1 Limette, 1–2 kleine rote Zwiebeln, 1 Schale Micro-Blutampfer, 1 Schale rote Daikonkresse, 1 Schale Rock Chives, 1 Schale Borage Cress, 2 EL Erdnusskrokant

Zitrusfrüchte schälen, en-kernen und filetieren. Rote Zwiebel schälen und in sehr feine Ringe schneiden. Die Micro-Kräuter zupfen, ggf. waschen und abtropfen. Alle Zutaten anrichten, mit Kumquatchips und Erdnusskrokant ausgarnieren und servieren.

TIPP

Die Zitrusfrüchte können auch durch ein kurzes „Kochen" mit Stickstoff in die einzelnen Segmente geteilt werden. So wäre der Salat – und vor allem jeder Bissen – noch ein wenig komplexer. Auch optisch würde es den Salat noch aufwerten.

Pflaumensmoothie
mit Banane, schwarzer Johannisbeere und Bronzefenchel

TECHNIK
kaltes Marinieren unter Vakuum
Entsaften
Trocknen
Thermalisieren

SPEZIALEQUIPMENT
Entsafter
Stabmixer
Kammervakuumierer
Dehydrator
Thermalisierer

VERZEHRTEMPERATUR
gekühlt oder zimmerwarm

PFLAUME

2 Pflaumen, 2 EL Pflaumenessig, 2 EL Zucker

Pflaumen gründlich waschen und quer halbieren. Kerne heraustrennen und Pflaumen mit den übrigen Zutaten mischen. Die Pflaumen in einen Vakuumbeutel geben und voll vakuumiert für 4–5 Stunden marinieren. Anschließend im Dehydrator bei 54 °C mindestens 12 Stunden trocknen.

BANANE

1 Banane, 4 EL Kokoswasser, 1–2 EL Zucker, 1 Spritzer Zitronensaft

Banane schälen, quer in gleich große Stücke schneiden und mit den übrigen Zutaten mischen. Die Bananenstücke in einen Vakuumbeutel geben und voll vakuumiert für 20 Minuten bei 48 °C im Wasserbad warm marinieren. Anschließend im Dehydrator bei 54 °C 12 Stunden trocknen.

JOHANNISBEERE

8 Pflaumen, 200 g schwarze Johannisbeeren, 100 ml Kokoswasser, 3 EL Mirin, etwas Zucker

Pflaumen und Johannisbeeren gründlich waschen und entsaften. Den Saft passieren und mit den übrigen Zutaten süß-säuerlich abschmecken.

KOKOS

1 Kokosnuss, 1 reife Banane, 1–2 EL geschälte Mandeln, etwas Zucker, 1 Spritzer Reisessig, etwas stilles Mineralwasser

Kokosfleisch und -wasser mit der geschälten Banane und den Mandeln in einem Mixer sehr fein pürieren. Mit den übrigen Zutaten süßlich abschmecken.

ANRICHTEN

etwas Kokosfleisch (von älteren Kokosnüssen), 4 Zweige Bronzefenchel

Bronzefenchel waschen und im Eiswasser knackig halten. Die Pflaumenhälften auf einen Spieß stecken, mit je 1 Bananenstück und etwas geraspeltem Kokosfleisch garnieren. In ein Shoot-Glas zuerst die Kokos-Bananen-Creme einfüllen und anschließend langsam über den Rücken eines Löffels den Johannisbeer-Pflaumen-Saft einfüllen, sodass sich zwei Schichten dabei bilden. Mit Bronzefenchel ausgarnieren und servieren.

Ananas
mit Kokos, Muscovado-Zucker und Oxalis

TECHNIK
kaltes Marinieren unter Vakuum
Pacossieren

SPEZIALEQUIPMENT
Kammervakuumierer
Pacojet
Aufschnittmaschine

VERZEHRTEMPERATUR
gekühlt

ANANAS

1 reife Flugananas, 2 EL Honig, Mark von ½ Vanilleschote, Zitronensaft

Ananas schälen, längs vierteln, den Strunk herausschneiden und zusammen mit den übrigen Zutaten in einen Vakuumbeutel geben, voll vakuumieren und mindestens 12 Stunden gekühlt marinieren.

KOKOS

3–4 frische Kokosnüsse, 2 reife Babybananen, 150 g Joghurt, 2–3 EL Zucker, 1–2 EL BASIC textur, 1 Spritzer Zitronensaft

Kokosnüsse aufschlagen, das Wasser auffangen und das Fruchtfleisch mit einem Löffel herauskratzen. Alle Zutaten zusammen in einem Mixer pürieren, in einen Pacojet-Becher füllen und für 20 Stunden einfrieren.

KORIANDER

2 Bd. Koriander, 150 ml Passionsfrucht (ohne Kerne), 1–2 EL Kokosblütenzucker, 1–2 EL Rohrzucker, ½ fein gehackte rote Thaichili, 1–2 EL BASIC textur zum Binden

Den Koriander gründlich waschen, trocken tupfen und fein schneiden. Alle Zutaten in einem Mixer sehr fein pürieren. Die Masse ggf. noch etwas binden und final abschmecken. Koriandercreme in eine Squeeze-Flasche füllen und abgedeckt kühl stellen.

ANRICHTEN

4 rote Oxalis, 4 Oxalisblüten, 1–2 EL Erdnusskrokant, 1 EL Muscovado-Zucker

Ananas aus der Marinade nehmen, mit der Aufschnittmaschine quer in feine Scheiben schneiden und überlappend anrichten. Kokoseis pacossieren, mit einem Esslöffel und warmem Wasser Nocken abdrehen und anrichten. Koriandercreme, Oxalis, Oxalisblüten und Erdnusskrokant ebenfalls anrichten. Mit Muscovado-Zucker ausgarnieren und sofort servieren.

TIPP

Wenn die verwendete Ananas nicht reif genug ist, können Sie etwas mehr Honig zum Marinieren verwenden. Nehmen Sie lieber eine Kokosnuss mehr, da man den frischen Kokosnüssen nicht ansieht, wie viel Fruchtfleisch enthalten ist.

OBST

Latte Macchiato

TECHNIK	SPEZIALEQUIPMENT	VERZEHRTEMPERATUR
Cold dripping	Cold Dripper	gekühlt
Trocknen	Dehydrator	
Pacossieren (optional)	Pacojet (optional)	

KAKAO

100 g geschälte Haselnüsse, 8–10 EL rohes Kakaopulver, 1 EL Rohrzucker

Alle Zutaten in einem Mixer sehr fein zu einer Creme pürieren, dabei nach und nach etwas stilles Wasser zugeben, bis die gewünschte Konsistenz erreicht ist. Kakaogehalt je nach Gusto variieren.

KAFFEE

80–150 g Kaffeebohnen, 200 ml stilles Wasser

Die Kaffeebohnen grob zermahlen oder im Mörser zerstoßen. Anschließend durch einen Cold Dripper mit einer Geschwindigkeit von 1 Tropfen pro 5 Sekunden durchlaufen lassen. Alternativ im Kühlschrank für 12 Stunden ziehen lassen und abpassieren.

SCHAUM

50 g geschälte Haselnusskerne, 50 g Mandeln, 150–200 ml Kokoswasser, 2 EL Zucker, etwas Emulzoon

Alle Zutaten in einen Pacojet-Becher geben, für 20 Stunden bei -18 °C einfrieren und anschließend pacossieren. Auf etwa 30 °C erwärmen und mit etwas Emulzoon schaumig aufschlagen. Alternativ in einem leistungsstarken Mixer sehr fein pürieren, dabei darauf achten, dass sich die Masse nicht zu sehr erwärmt.

GARNITUR

125 ml Cassispüree, 1 g Xanthan, 2–3 EL Zucker, 10 g Albumin, 1 Spritzer heller Balsamico

Cassispüree mit Xanthan glatt rühren, süß-säuerlich mit Zucker und Balsamico abschmecken und mit dem Albumin in einer Küchenmaschine oder mit dem Handrührgerät steif schlagen. Anschließend die Masse in einen Spritzbeutel geben, auf eine Backmatte in die gewünschte Form spritzen und bei 58 °C mindestens 14 Stunden trocknen. Anschließend ausgekühlt leicht zerbröseln und bis zur Verwendung abgedeckt und trocken lagern.

ANRICHTEN

Die Kakaomasse in Gläser füllen, mit der geschäumten Milch aufgießen und langsam den Kaffee eintropfen, bis er sich auf der Kakaomasse absetzt. Mit Cassisbaiser ausgarnieren und servieren.

Feige
mit Blumenkohl, Haselnuss und Senf

TECHNIK
warmes Marinieren unter Vakuum

SPEZIALEQUIPMENT
Kammervakuumierer

VERZEHRTEMPERATUR
zimmerwarm bis warm

FEIGE

3–4 reife Feigen, 1 Spritzer heller Balsamico, 1 Spritzer Orangensaft, etwas Rohrzucker

Das Fleisch der Feigen aus der Schale kratzen und mit den restlichen Zutaten leicht würzen und abschmecken.

BLUMENKOHL

½ Blumenkohl, ½ Romanesco, 2–3 EL Butter, 1 Prise Meersalz, 1 Prise Zucker, 1 Spritzer Zitronensaft, 1 Msp. Kartoffelstampfgewürz

Blumenkohl und Romanesco gründlich waschen, in Röschen schneiden und jeweils mit etwas Butter, Meersalz, Zucker, Zitronensaft und 30 ml stilles Wasser in einen Vakuumbeutel geben. Dem Blumenkohl noch etwas Kartoffelstampfgewürz zugeben. Beide Beutel voll vakuumiert bei 58 °C in ein Wasserbad geben. Den Blumenkohl 50 Minuten darin marinieren und den Romanesco 20 Minuten warm marinieren. Anschließend die Beutel im Eiswasser herunterkühlen und bis zur Verwendung mindestens noch 12 Stunden gekühlt lagern.

ANRICHTEN

3 EL Dijon-Senf, 1 Schale Mustard Cress, 3 EL Haselnusskrokant

Blumenkohl und Romanesco aus der Marinade nehmen und abtropfen. Senf in einen Spritzbeutel füllen. Alle Zutaten im Wechsel anrichten und mit Mustard Cress und Senf ausgarnieren.

TIPP

Schmeckt besonders gut mit Feigenchips.

Cassis
mit Mandel, Babybanane und Johannisbeere

TECHNIK
Pacossieren
Trocknen
kaltes Marinieren unter Vakuum
Schäumen

SPEZIALEQUIPMENT
Pacojet
Dehydrator
Kammervakuumierer
Espuma-Flasche

VERZEHRTEMPERATUR
zimmerwarm oder gekühlt

CASSIS

250 ml Cassispüree, 50 g Joghurt, 50 ml Kokospüree, 2 EL Zucker, 1 EL BASIC textur, 5 g Albumin, 1 Spritzer Zitronensaft

Alle Zutaten in einem Mixer glatt rühren, in eine Espuma-Flasche füllen und mit 2 Stickstoffpatronen begasen. Kräftig schütteln und bis zur Verwendung kalt stellen.

MANDEL

100 ml Kokospüree, 25 g fein gemahlene Mandeln, 20 g gefriergetrocknete Bananen, 1 g Xanthan, 3–4 EL Zucker, 10 g Albumin, 1 Spritzer Orangensaft, ½ TL gehackte Berberitzen

Kokospüree, Mandeln und gefriergetrocknete Bananen mit Xanthan glatt rühren. Süß-säuerlich mit Zucker und Orangensaft abschmecken und mit Albumin in einer Küchenmaschine oder mit dem Handrührgerät steif schlagen und die gehackten Berberitzen unterheben. Anschließend die Masse in einen Spritzbeutel geben, auf eine Backmatte in 16 flache, kreisförmige Kleckse aufspritzen und bei 58 °C mindestens 18 Stunden knusprig trocknen.

BANANE

2 Babybananen, 1 EL Honig, 1 TL Kokosblütenzucker, 3 EL gemahlener Pekanusskrokant, 8 Kumquatchips (siehe Regenbogenforelle S. 90), 1 Spritzer Orangensaft

Bananen schälen und mit dem Honig, dem Zucker und dem Orangensaft in einen Vakuumbeutel geben und voll vakuumiert für mindestens 4 Stunden marinieren. Anschließend im Nusskrokant wälzen und in 8 gleich große Segmente schneiden. Jeweils auf eine Schnittfläche 1 Kumquatchip geben und bis zum Anrichten beiseitestellen.

NUSSEIS

3 frische Kokosnüsse, 4 EL Mandeln, 150 g Joghurt, 2–3 EL Zucker, 1–2 EL BASIC textur, 1 Spritzer Zitronensaft

Kokosnüsse aufschlagen, das Fruchtfleisch mit einem Löffel herauskratzen und die Milch auffangen. Alle Zutaten zusammen in einem Mixer pürieren und in einen Pacojet-Becher füllen. Den Pacojet-Becher für 20 Stunden einfrieren.

JOHANNISBEERE

50 g schwarze Johannisbeeren, 1 EL Zucker, etwas BASIC textur, 1 Spritzer heller Balsamico

Johannisbeeren gründlich waschen und 12 Beeren beiseitelegen. Die übrigen Beeren zusammen mit den restlichen Zutaten in einem Mixer fein pürieren. Die 12 Johannisbeeren mit der Sauce mischen und bis zum Anrichten beiseitestellen.

ANRICHTEN

4 Rispen rote Johannisbeeren

Auf die Unterseite von 8 Mandelbaiser die Cassiscreme aufspritzen und mit den restlichen 8 Baiserteilen wie Maccarons zusammenbauen. Im Wechsel mit den Bananenstücken anrichten und mit den übrigen Zutaten garnieren. Kurz vor dem Servieren eine Nocke Eis aufsetzen.

Beeren
mit Absinth, Fenchel und Honig

TECHNIK	SPEZIALEQUIPMENT	VERZEHRTEMPERATUR
kaltes Marinieren unter Vakuum	Kammervakuumierer	gekühlt
Trocknen	Dehydrator	
Entsaften	Entsafter	
Schäumen/Cryokochen	Espuma-Flasche	

BEEREN

300 g Beeren (Erdbeeren, Himbeeren, weiße und rote Johannisbeeren, Blaubeeren, Physalis, Stachelbeeren)

Beeren gründlich waschen und trocken tupfen, vereinzelt halbieren oder vierteln.

FENCHEL

1 Fenchel (nur das Weiße), 12 weiße Stachelbeeren, Saft von ½ unbehandelten Zitrone, 1–2 EL Akazienhonig, 1 Spritzer Absinth, etwas Xanthan zum Binden

Fenchel und Stachelbeeren gründlich waschen und entsaften. Den Saft mit den übrigen Zutaten säuerlich-süß abschmecken und ggf. leicht binden, kalt stellen.

MANDELKROKANT

4 Stängel Zitronenmelisse, 1 EL Zucker, 1 EL Zitronensaft, 1 Spritzer Mandelöl, 4 EL geschälte Mandelkerne

Melisse gründlich waschen, trocken tupfen und die Blätter zupfen, zusammen mit dem Zucker, Zitronensaft und Mandelöl sehr fein mixen. Mandelkerne grob hacken und mit der pürierten Melissemischung gut vermengen. Auf einer Backmatte ausbreiten und bei 48 °C für mindestens 18 Stunden trocknen, bis sie knusprig sind.

RHABARBERCHIP

1 Stange Rhabarber, ½ EL Zucker, 1 EL Zitronensaft

Rhabarber an der Außenseite längs in sehr feine 10 cm lange Segmente schneiden und zusammen mit Zucker und Zitronensaft in einen Vakuumbeutel geben und voll vakuumiert für 2 Stunden marinieren. Aus der Marinade nehmen und zu Ringen geformt nebeneinander auf eine Backmatte legen und im Dehydrator für etwa 8 Stunden trocknen. In einer luftdicht verschließbaren Box bis zur Verwendung lagern. Alternativ die Rhabarberstreifen ohne zu vakuumieren marinieren.

NITRO

100 ml Tonic, 100 ml Stachelbeersaft, 50 g Eiweiß, 20 ml Absinth, 2–3 EL Zucker, 2 EL BASIC textur

Alle Zutaten bis auf das Tonic-Wasser in einem Mixer glatt rühren, mit Tonic auffüllen und in eine Espuma-Flasche füllen und mit 2 Stickstoffpatronen begasen. Vor dem Servieren Nitros im Stickstoff herstellen.

3–4 Stängel Bronzefenchel, 4 Spitzen Minze, 1 Szechuan-Button

Kräuter gründlich waschen, trocken tupfen und die Spitzen fein zupfen. Die Blütenblätter des Szechuan-Button fein zupfen. Beeren in einem tiefen Teller anrichten und mit Bronzefenchel, Szechuan-Button und Minze garnieren. Rhabarberchip und Mandelkrokant anrichten und den Sud angießen. Mit den Absinth-Nitros servieren.

Guavesmoothie
mit Drachenfrucht, Kokos und Gurkenkresse

TECHNIK	SPEZIALEQUIPMENT	VERZEHRTEMPERATUR
Entsaften	Entsafter	gekühlt oder zimmerwarm
kaltes Marininieren unter Vakuum	Kammervakuumierer	

GUAVE

4 reife Guaven, 1 Kaki, 1 Banane, Saft von ½ unbehandelten Zitrone, 1 EL Zucker

Die Guaven halbieren und das Fleisch mit einem Löffel herauslösen, von den Kernen trennen und entsaften. Kaki und Banane schälen und zusammen mit Zitronensaft und Zucker fein pürieren, ggf. durch ein grobes Sieb passieren. Beide Säfte miteinander mischen und säuerlich-süß abschmecken. Bis zum Verzehr abgedeckt kühl stellen.

DRACHENFRUCHT

2 rotfleischige Pitahayas, 1 weißfleischige Pitahaya, 2 Äpfel (Fuji oder Pink Lady), 1 frische Kokosnuss, 1 Spritzer Limettensaft, 1 TL Blütenhonig

Pitahayas und Äpfel schälen, die Äpfel vom Kerngehäuse befreien und die Pitahayas jeweils in 4 akkurate 1,5 x 1,5 cm große Würfel schneiden. Den Rest zusammen mit den Äpfeln entsaften. Die Würfel beiseitestellen. Das Fleisch der Kokosnuss von der Schale trennen und das Wasser auffangen, Fruchtfleisch ebenfalls entsaften und die Hälfte der Flüssigkeit unter den Saft mischen und mit Limette und ggf. Honig abschmecken.

KOKOS

1 frische Kokosnuss, 2 EL Naturjoghurt, 1 Spritzer Zitronensaft, 1 EL Zucker, etwas Emulzoon

Das Fleisch der Kokosnuss von der Schale trennen und die Milch auffangen. Die Milch mit der Hälfte des Fruchtfleisches entsaften und mit dem Joghurt mischen. Mit Zitronensaft und Zucker abschmecken. Der Flüssigkeit entsprechend Emulzoon zugeben und leicht mit einem Stabmixer vermengen.

GARNITUR

4 weißfleischige Pitahayawürfel, 4 rotfleischige Pitahayawürfel, Saft von ½ unbehandelten Zitrone, 1 EL Zucker

Pitahayawürfel jeweils in einen Vakuumbeutel geben, mit je der Hälfte der übrigen Zutaten voll vakuumieren und für 2 Stunden im Kühlschrank marinieren.

ANRICHTEN

4 kleine Spieße, ½ Schale Borage Cress

Die Säfte schichtweise in Gläser füllen, beginnend mit dem Guaven-Kaki-Saft, anschließend den Pitahayasaft. Den Kokos-Joghurt-Schaum luftig mit einem Stabmixer aufschlagen und auf der obersten Saftschicht flächig ausbreiten. Die Pitahayawürfel aus der Marinade nehmen und je 1 mittig auf einen Spieß stecken, mit Borage Cress garnieren und sofort servieren.

NACHSCHLAG

Grundrezepte

ALGINAT/ALGIZOON STAMMLÖSUNG

6 gestrichene Portionslöffel Algizoon

Algizoon mit einem Stabmixer vollständig in 200 ml stillem Wasser auflösen und die Lösung entweder abgedeckt im Kühlschrank stehen lassen, bis alle Luftblasen entwichen sind, oder in einen ausreichend großen Vakuumbeutel geben und voll vakuumieren.

APFELSAFT

2 Äpfel (Pink Lady oder Braeburn), 1 Spritzer Zitronensaft

Äpfel schälen und entkernen, für einige Sekunden in eine mindestens 1000 Watt leistungsstarke Mikrowelle legen und anschließend komplett entsaften. Mit Zitronensaft abschmecken und sofort verwenden.

BIRNENSAFT

2 Birnen (Doppelte Philippsbirne, Conference oder Vereinsdechant), 1 Spritzer Zitronensaft

Birnen schälen und entkernen, für einige Sekunden in eine mindestens 1000 Watt leistungsstarke Mikrowelle legen und anschließend komplett entsaften. Mit Zitronensaft abschmecken und sofort verwenden.

CALCIC STAMMLÖSUNG

6 gestrichene Portionslöffel Calazoon

Calazoon mit einem Stabmixer vollständig in 160 ml stillem Wasser auflösen.

CARABINIEROS IM STICKSTOFFSALZ GAREN

4 Carabinieros, 100 ml Jordan-Olivenöl, 1 l flüssiger Stickstoff, 250 g Murray-River-Sea-Salt, 1 Kräuterstängel nach Belieben

Olivenöl in eine iSi-Flasche füllen und mit 1–2 Stickstoffpatronen begasen. Kräftig schütteln, mit 15 cm Abstand in den flüssigen Stickstoff sprühen und für mindestens 1 Minute, bis der Stickstoff aufhört zu kochen, ziehen lassen. Anschließend das gefrorene Olivenöl in einem Sieb auffangen. Das Meersalz ebenfalls für mindestens 1 Minute im Stickstoff herunterkühlen, bis der Stickstoff aufhört zu kochen. Meersalz und Olivenölgrieß vermengen und die fein gehackten Kräuter untermischen. Ausgelöste Carabinieros für 1–2 Minuten mit der Salzmischung bedecken und darin garen. Meersalz abklopfen und servieren.

CASHEWKERN-ZITRONEN-KROKANT

100 g Cashewkerne, Saft von ½ unbehandelten Zitrone, 2–3 EL Rohrzucker, 1 Prise Ascorbinsäure, 1 Prise Meersalz

Cashewkerne grob hacken und mit den übrigen Zutaten süß-sauer abschmecken. Ausgebreitet auf eine Backmatte legen und bei 52 °C für mindestens 24 Stunden in einem Dehydrator knusprig trocknen. Ausgekühlt in einem Konserven-Schraubglas voll vakuumiert lagern.

CHILIFOND/CHILISAFT

5–6 Thaichilis, 50 ml Tomatenfond

Chilis gründlich waschen, längs halbieren und entkernen, zusammen mit dem Tomatenfond in einem Juicer entsaften. Anschließend in ein Konserven-Schraubglas geben, voll vakuumieren und im Kühlschrank lagern.

CULATELLO/SCHINKENCHIPS

50 g fein aufgeschnittener roher Schinken, etwas Olivenöl

Schinkenscheiben mit etwas Olivenöl beträufeln und nebeneinander auf eine Backmatte legen. Anschließend im Dehydrator bei 42 °C für mindestens 18 Stunden trocknen. Ausgekühlt zwischen Pergamentpapier in einer luftdicht verschließbaren Box lagern.

DAIKONROLLE, EINGELEGT

1 Rettich, 4 EL Reisessig, 2 EL Mirin, ½ TL Zucker, ½ TL Kurkuma, 1 Spritzer Limetten- oder Yuzusaft, 1 Msp. Safran, ½ TL Meersalz

Rettich schälen und quer in 10–15 cm lange Stücke schneiden, in einen Gemüseschneider einspannen und mit leichtem Druck in ein „endloses" dünnes Rettichpapier schneiden. Das Rettichpapier wieder fest zusammenrollen und zusammen mit den übrigen Zutaten in einen Vakuumbeutel geben und voll vakuumiert für mindestens 12 Stunden im Kühlschrank marinieren. Oder den geschälten Rettich im Ganzen mit den übrigen Zutaten in einen Vakuumbeutel geben und für mindestens 2–3 Tage voll vakuumiert im Kühlschrank marinieren.

DASHI

1 großes Stück Kombu (Seetang), ca. 15 x 15 cm, ½ Tasse Bonitoflocken

Den Kombu mit einem feuchten Tuch behutsam abwischen, dabei nicht das Weiße entfernen, da dieses viel Aroma enthält. 1 Liter stilles Mineralwasser auf 40 °C erwärmen und den Kombu zusammen mit den Bonitoflocken damit übergießen, abgedeckt 24 Stunden ziehen lassen. Alternativ die abgekühlte Flüssigkeit in einen Vakuumbeutel geben und voll vakuumiert ziehen lassen. Anschließend durch ein sehr feines Superbag oder ein Passiertuch in eine Schüssel tropfen lassen, dabei nicht rühren. Den Dashifond kühl lagern.

ERDNUSSKROKANT

100 g geschälte Erdnusskerne, 2–3 EL Rohrzucker, 1 Spritzer Zitronensaft, 1 Prise Meersalz

Erdnusskerne grob hacken und mit den übrigen Zutaten abschmecken. Ausgebreitet auf eine Backmatte legen und bei 48 °C für mindestens 24 Stunden in einem Dehydrator knusprig trocknen. Ausgekühlt in einem Konserven-Schraubglas voll vakuumiert lagern.

ERDNUSSKROKANT, SCHARF MIT ESSIG

100 g geschälte Erdnusskerne, 2 EL Reisessig, 2–3 EL Rohrzucker, ¼ sehr fein gehackte und entkernte Thaichili, 1 Prise Ascorbinsäure, 1 Prise Meersalz

Erdnusskerne grob hacken und mit den übrigen Zutaten süß-sauer abschmecken. Ausgebreitet auf eine Backmatte legen und bei 48 °C für mindestens 24 Stunden in einem Dehydrator knusprig trocknen. Ausgekühlt in einem Konserven-Schraubglas voll vakuumiert lagern.

ERDNUSSPASTE

100 g geschälte Erdnusskerne, 2–3 EL Erdnussöl, 2–3 EL stilles Wasser, 1 Prise Rohrzucker, 1 Prise Meersalz

Alle Zutaten in einem Mixer sehr fein pürieren und in einem Konserven-Schraubglas voll vakuumiert im Kühlschrank lagern. Damit sich die Masse nicht zu sehr erhitzt, beim Pürieren Crushed Ice statt Wasser zugeben oder die Masse im Pacojet herstellen.

FENCHELSAFT

2–3 Knollen Fenchel, 1 TL Fenchelsamen, 1 Spritzer Zitronensaft, 1 Prise Zucker, 1 Prise Meersalz

Den Fenchel gründlich waschen und vom Grün befreien, zusammen mit den Fenchelsamen entsaften, durch ein feines Superbag oder Passiertuch passieren und anschließend mit den übrigen Zutaten abschmecken. In einem Konserven-Schraubglas voll vakuumiert lagern.

FISCHFOND

1 l stilles Wasser, 200 ml klarer Tomatenfond, 100 g Stockfisch, 100 g Bonitoflocken, 1 großes Stück Kombu (Seetang), ca. 15 x 15 cm, 50 g getrocknete Shiitake, 20 g getrocknete Sardinen, 1–2 getrocknete Knoblauchchips

Alle Zutaten zusammen in einen Vakuumbeutel geben und voll vakuumiert für 45 Minuten bei 42 °C im Wasserbad marinieren. Anschließend im Eiswasser abkühlen und für 2 Tage im Kühlschrank lagern. Den Fond durch ein feines Superbag oder Passiertuch passieren und in Konserven-Schraubgläsern voll vakuumiert lagern.

GETROCKNETE/HALB GETROCKNETE TOMATEN

100 g Kirschtomaten, einige Zweige Thymian und Rosmarin, 1 Prise Rohrzucker, etwas kalt gepresstes Olivenöl, 1 Prise Meersalz

Kirschtomaten gründlich waschen und quer halbieren. Kräuter grob zupfen und zusammen mit den übrigen Zutaten behutsam mischen. Tomaten mit der Schnittfläche nach oben auf eine Backmatte legen und bei 54 °C für mindestens 8 Stunden trocknen.

GURKENFOND

1 kg Gurken, 1 Zweig Estragon, 1 TL Senfkörner, Saft von 1 unbehandelten Zitrone, 1 Msp. Meerrettich, 1 Prise Zucker, 1 Prise Meersalz

Die Gurken schälen und grob schneiden. Den Estragon waschen, trocken tupfen und die Blätter abzupfen, beiseitelegen. Alle Zutaten bis auf die Kräuter in einen Mixer geben und fein pürieren. Danach die Kräuter für ca. 20 Sekunden mitpürieren und die Mischung durch ein sehr feines Superbag oder ein Passiertuch drücken.

HANFSAMENKROKANT

100 g frische Hanfsamen, 2–3 EL Rohrzucker, 1 Spritzer Zitronensaft, 1 Prise Meersalz

Hanfsamen grob hacken und mit den übrigen Zutaten abschmecken. Ausgebreitet auf eine Backmatte legen und bei 54 °C für mindestens 24 Stunden in einem Dehydrator knusprig trocknen. Ausgekühlt in einem Konserven-Schraubglas voll vakuumiert lagern.

HAUTCHIPS

geschuppte Fischhaut, etwas Oliven- oder Zitronenöl, 1 Prise Meersalz

Fischhaut mit einem Messer gründlich putzen und von allen Fettresten befreien. Anschließend unter fließendem Wasser gründlich waschen und mit Oliven- oder Zitronenöl und Meersalz marinieren. Ausgebreitet auf eine Backmatte legen und in einem Dehydrator bei 42 °C für mindestens 20 Stunden knusprig trocknen.

HOLUNDERBLÜTENSIRUP

2 l stilles Wasser, 2 kg Zucker, 1 unbehandelte Orange, 1 unbehandelte Zitrone, 20 Holunderblüten-Dolden, 50 g Zitronensäure

Wasser und Zucker in einem Mixer pürieren, bis sich der Zucker aufgelöst hat. Orange und Zitrone gründlich waschen und in Scheiben schneiden. Alle Zutaten zusammen in einen Vakuumbeutel geben und voll vakuumiert für 45 Minuten bei 58 °C im Wasserbad marinieren. Anschließend im Eiswasser herunterkühlen und für 2–3 Tage im Kühlschrank lagern.

INGWERSUD

200 g Ingwer, Saft von ½ unbehandelten Zitrone, 1 Spritzer Mirin

Ingwer schälen und grob schneiden, zusammen mit den übrigen Zutaten entsaften und durch ein feines Superbag oder Passiertuch passieren.

KERBELDRESSING

2 Bd. Kerbel, 30 ml stilles Wasser, Saft und Abrieb von ½ unbehandelten Zitrone, 40 ml Traubenkernöl, 1 Prise Zucker, 1 Spritzer Chardonnayessig, 1 Msp. sehr fein gehackte Thaichili, etwas BASIC textur, 1 Prise Meersalz

Kerbel gründlich waschen und grob schneiden, zusammen mit dem Wasser und Zitronensaft entsaften und durch ein feines Superbag oder Passiertuch passieren. Mit den übrigen Zutaten würzig-säuerlich abschmecken und mit dem Öl zu einer Emulsion rühren.

KIMCHI

1,7 l stilles Wasser, 3 ½ EL Meersalz, 1 kg Chinakohl oder Pak Choi, 1 fein gehackte Knoblauchzehe, 30 g fein gehackter frischer Ingwer, 1 fein gehackte rote Thaichili, 1 Bd. fein geschnittene Frühlingszwiebeln, 2 Karotten, in feine Julienne geschnitten, 2 EL Zucker, 3 EL Fischsauce, 1 EL Sojasauce, 1 EL Mirin

1 l stilles Wasser mit 3 EL Meersalz in einem Mixer pürieren, bis sich das Salz aufgelöst hat. Den Kohl gründlich waschen, längs vierteln und den Strunk entfernen. In grobe Stücke schneiden und zusammen mit dem Salzwasser in einen Vakuumbeutel geben und voll vakuumiert für 2 Stunden marinieren. Anschließend den Kohl durch ein Sieb gießen und für etwa 15 Minuten in kaltem Wasser spülen und danach gut abtropfen lassen. Das restliche Meersalz mit 700 ml Wasser in einem Mixer fein pürieren, bis sich das Salz vollständig aufgelöst hat, mit den übrigen Zutaten mischen. Den Kohl zusammen mit der Flüssigkeit in ein sterilisiertes Einmachglas geben und mit einem Teller oder einem Sieb abdecken, sodass der Kohl vollständig unter der Flüssigkeit liegt. Für 24 Stunden bei Zimmertemperatur stehen lassen. Anschließend das eingelegte Kimchi abgedeckt bis zu 20 Tage im Kühlschrank aufbewahren, dabei den Deckel nicht fest verschließen, damit es abgasen kann.

KIRSCHTOMATENCHIPS

10 Kirschtomaten, 4 EL Tomatenfond, 3 EL Zucker, Prise Meersalz, 1 Spritzer Olivenöl, 1 Spritzer Zitronensaft

Kirschtomaten gründlich waschen und quer auf einer Aufschnittmaschine in feine Scheiben schneiden. Aus den übrigen Zutaten einen Läuterzucker herstellen und die Tomatenscheiben behutsam durchziehen. Anschließend auf eine Backmatte legen und im Dehydrator bei 52 °C mindestens 12 Stunden knusprig trocknen.

KNOBLAUCHCHIPS

2 Knoblauchzehen, 1 TL Zucker, 1 Spritzer klarer Tomatenfond

Knoblauch schälen und mit einem Messer oder auf einer Aufschnittmaschine in sehr feine Scheiben schneiden. Die Scheiben mit Zucker und Tomatenfond marinieren und ausgebreitet auf eine Backmatte legen. Die Knoblauchscheiben in einem Dehydrator bei 48 °C für mindestens 18 Stunden trocknen.

KNOBLAUCHÖL

4 Knoblauchzehen, 150 ml Oliven- oder neutrales Rapsöl

Die Knoblauchzehen schälen und in sehr feine Scheiben schneiden. Das Öl auf ca. 40 °C erwärmen und die Knoblauchscheiben zugeben. Den Knoblauch mindestens 2–3 Tage im Öl ziehen lassen. Noch intensiver wird das Öl, wenn Sie es ausgekühlt in einen Vakuumbeutel geben, voll vakuumieren und ebenfalls 2–3 Tage marinieren.

KOKOSCHIPS

100 ml Kokospüree, 2 EL Zucker, 1 EL Kokosblütenzucker, ½ TL Albumin, 2 EL BASIC textur

Alle Zutaten mit einem Handrührgerät schaumig aufschlagen. Auf eine Backmatte dünn und gleichmäßig aufstreichen und im Dehydrator bei 58 °C für 24 Stunden knusprig trocknen.

KOKOSPÜREE

4 frische Kokosnüsse

Kokosnüsse mit einem Schlagmesser an der Spitze der Kokosnuss aufschlagen und das Wasser durch ein Sieb passieren und auffangen. Das Fruchtfleisch mit einem Löffel aus der Kokosnuss herauslösen. Das Fruchtfleisch mit etwas Fruchtwasser in einem Mixer sehr fein pürieren oder das Püree im Pacojet herstellen. Kokospüree in einem Konserven-Schraubglas voll vakuumiert lagern.

KRÄUTERÖLE

5 Kräuterzweige, 150 ml kalt gepresstes Oliven-, Sonnenblumen- oder Rapsöl

Die Kräuter waschen und an der Luft trocknen. Das Öl auf ca. 40 °C erwärmen und die Kräuter grob gezupft hinzugeben. Das Kräuteröl abgedeckt für 2–3 Tage an einem kühlen Ort ziehen lassen oder ausgekühlt in einen Vakuumbeutel geben, voll vakuumieren und ebenfalls 2–3 Tage marinieren.

LAUCHDRESSING

½ Bund Bärlauch, 1 Stange Lauch (das Weiße), 30 ml stilles Wasser, Saft und Abrieb von ½ unbehandelten Zitrone, 40 ml Traubenkernöl, 1 Prise Zucker, 1 Prise Meersalz, 1 Spritzer Chardonnayessig, 1 Msp. sehr fein gehackte grüne Thaichili, etwas BASIC textur

Bärlauch und Lauch gründlich waschen und grob schneiden, zusammen mit dem Wasser und Zitronensaft entsaften und durch ein feines Superbag oder Passiertuch passieren. Mit den übrigen Zutaten würzig-säuerlich abschmecken und mit dem Öl zu einer Emulsion rühren.

LEINSAMENKROKANT

100 g Leinsamen, 2 EL Rohrzucker, 1 EL essbare, ungespritzte fein gezupfte Blütenblätter, 1 Spritzer Reisessig, 1 Spritzer Apfelsaft, 1 Prise Meersalz

Leinsamen für 12 Stunden in stillem Wasser quellen lassen. Anschließend gründlich spülen und trocken tupfen. In einem Mixer grob hacken und zusammen mit den übrigen Zutaten mischen. Die Masse auf einer Backmatte verteilen und im Dehydrator bei 50 °C für mindestens 18 Stunden knusprig trocknen.

MANDELKROKANT

100 g geschälte oder ungeschälte Mandelkerne, 2–3 EL Rohrzucker, 1 Spritzer Zitronensaft, 1 Prise Meersalz, 1 Spritzer Mandelöl

Mandelkerne grob hacken und mit den übrigen Zutaten abschmecken. Ausgebreitet auf eine Backmatte legen und bei 54 °C für mindestens 24 Stunden in einem Dehydrator knusprig trocknen. Ausgekühlt in einem Konserven-Schraubglas voll vakuumiert lagern.

MAYONNAISE

1 Eigelb (Raumtemperatur), ½ TL Chardonnay- oder heller Balsamessig, 1 TL Zitronensaft, 150 ml kalt gepresstes Pflanzenöl nach Belieben, 1 Prise Meersalz

Eigelb und Essig verrühren, das Öl nach und nach unter Rühren zugeben, bis eine Emulsion entsteht. Mit den übrigen Zutaten würzig abschmecken und ausgekühlt in einem Konserven-Schraubglas voll vakuumiert lagern.

MEERRETTICHSAFT

200 g Meerrettich, Saft von ½ unbehandelten Zitrone, 1 Spritzer Mirin

Meerrettich schälen und grob schneiden, zusammen mit den übrigen Zutaten entsaften und durch ein feines Superbag oder Passiertuch passieren.

MINZSAFT

1 Bund Minze, 50 ml Kokoswasser, 1 Prise Zucker, 1 Spritzer Zitronensaft

Minze zusammen mit dem Kokoswasser entsaften und mit den übrigen Zutaten abschmecken. (Auch Oxalis oder Melisse können auf diese Art zu Saft verarbeitet werden.)

MINZZUCKER

1 Bund Minze, 200 g Zucker, 1 Spritzer Zitronensaft

Minze mit einem scharfen Messer sehr fein hacken und den Zucker einarbeiten, mit Zitronensaft abschmecken und ausgebreitet auf eine Backmatte legen. Zucker in einem Dehydrator bei 42 °C für mindestens 12 Stunden trocknen. Anschließend in einem Mixer mit Linkslauf zerstoßen.

NORISUD

50 g Norialgen, 1 l stilles Wasser, ½ Tasse Bonitoflocken

Den Norisud identisch wie Dashi herstellen.

PAPRIKACHIPS

2 rote oder gelbe Paprika, 1 EL Zucker, 1 Spritzer heller Balsamico

Paprika gründlich waschen und die komplette Schale dünn abschälen. Mit Zucker und Essig mischen und ausgebreitet auf einer Backmatte in einem Dehydrator bei 48 °C für mindestens 12 Stunden trocknen.

PAPRIKACREME, GERAUCHT (PACOJET)

5 rote oder gelbe Paprika, 3 EL kalt gepresstes Olivenöl, 1 Prise Zucker, 50 ml Tomatenfond, 1 Spritzer Rauchöl, etwas BASIC textur, 1 Prise Meersalz

Paprika gründlich waschen, entkernen und grob schneiden. Mit Olivenöl, Zucker und Meersalz marinieren und auf einer Backmatte im Dehydrator bei 48 °C für 12 Stunden trocknen. Anschließend zusammen mit den übrigen Zutaten in einen Pacojet-Becher geben und für 24 Stunden einfrieren. Den Becher vollständig pacossieren, durchmischen, glatt streichen und erneut einfrieren und ein zweites Mal pacossieren.

PAPRIKAFOND

200 g überreife aromatische Tomaten, 8 Paprika, ¼ Bund Thymian, ¼ Bund Rosmarin, ½ Knoblauchzehe, 100 ml stilles Wasser, Saft von ½ unbehandelten Zitrone, 1 TL Meersalz, 1 Prise Zucker, ½ rote Thaichili

Die Tomaten und Paprika gründlich waschen. Tomaten grob schneiden, Paprika entkernen und ebenfalls grob schneiden. Die Kräuter waschen und trocken tupfen. Kräuter grob zupfen. Den Knoblauch schälen und in Scheiben schneiden. Tomaten- und Paprikastücke mit Wasser, Zitronensaft, Meersalz und Zucker in einem Mixer pürieren. Die Kräuter, Thaichili und den Knoblauch kurz vor Ende grob mitzerkleinern und alles durch ein sehr feines Superbag oder ein Passiertuch streichen. Dabei nur den Fond durchlaufen lassen, so bleibt er klar.

PAPRIKAFOND, AUS GETROCKNETER PAPRIKA

Herstellung identisch zum Paprikafond. Allerdings sollten die Tomatenwürfel vorab mit Salz, Zucker und Knoblauch vermengt und anschließend auf Backmatten ausgebreitet für etwa 8 Stunden bei 52 °C im Dehydrator getrocknet werden.

RAUKEPESTO

250 g Rauke, 10 EL kalt gepresstes Olivenöl, 4 EL Pinienkerne, 2 EL Tomatenfond, 2 Knoblauchchips, 1 Msp. fein gehackte rote Thaichili, 1 Prise Zucker, 1 Prise Meersalz,

Rauke gründlich waschen und zusammen mit den übrigen Zutaten in einen Pacojet-Becher geben und den Inhalt zu einer glatten Oberfläche pressen. Becher für 24 Stunden einfrieren. Den Becher vollständig pacossieren, durchmischen, glatt streichen und erneut einfrieren und ein zweites Mal pacossieren.

RINDERLENDE AUD DEM DRY-AGING-BEUTEL

800 g Roastbeef (Mittelstück), etwas Ducca

Roastbeef nicht abtupfen, sondern den Fleischsaft beibehalten. Das Fleisch leicht mit Ducca würzen und in einen Dry-Aging-Vakuumbeutel geben. Den Vakuumbeutel voll vakuumieren und auf ein Gitterblech an einen bei konstant 2 °C gekühlten Ort stellen. Das Fleisch während der Reifung nicht bewegen. Wichtig ist die gewährleistete Luftzirkulation um das Fleisch herum, somit nichts auf oder an das Fleisch stellen. Die Reifung erfolgt innerhalb von 14–20 Tagen. Je nach Gusto sollten hier die persönlichen Vorlieben ausprobiert werden. Je länger das Fleisch im Dry-Aging-Beutel verweilt, desto mehr Wasser wird entzogen.

SALZE/ORANGENSALZ

3 unbehandelte Orangen, 100 g Meersalz

Orangen gründlich waschen und trocken reiben, mit einer feinen Microplane-Reibe die Schale komplett abreiben und auf einer Backmatte ausbreiten. In einem Dehydrator bei 48 °C für mindestens 8 Stunden knusprig trocknen. Ausgekühlt in einem Mixer fein pürieren und unter das Meersalz mischen.

SALZE/FENCHELSALZ

½ Schale Bronzefenchel, 100 g Meersalz

Fenchel auf einer Backmatte ausbreiten und in einem Dehydrator bei 52 °C für mindestens 16 Stunden knusprig trocknen. Ausgekühlt in einem Mixer fein pürieren und unter das Meersalz mischen.

SALZE/ZITRONENSALZ

3 unbehandelte Zitronen, 100 g Meersalz

Zitronen gründlich waschen und trocken reiben. Mit einer feinen Microplane-Reibe die Schale komplett abreiben und auf einer Backmatte ausbreiten. In einem Dehydrator bei 48 °C für mindestens 8 Stunden knusprig trocknen. Ausgekühlt in einem Mixer fein pürieren und unter das Meersalz mischen.

SAUERKRAUTSUD

1 Kohlkopf, Zucker, Meersalz

Die äußeren Blätter des Kohls entfernen, vierteln und den Strunk ebenfalls entfernen. Anschließend in feine Streifen schneiden. 1 Prise Zucker und 2 EL Salz pro 1 kg Kohl unter die Kohlstreifen mischen. Den Kohl in einen sterilisierten Gärbehälter geben und mit einem Tuch abgedeckt und beschwert mit Klarsichtfolie an einem dunklen Ort für 5–6 Wochen gären lassen. Anschließend entsaften und durch ein feines Superbag oder Passiertuch passieren.

SELLERIEFOND

1 Bund Staudensellerie, ½ Gurke, ½ Pink-Lady-Apfel, 1 Spritzer Zitronensaft, 1 Prise Zucker, 1 Prise Meersalz

Den Sellerie und die Gurke gründlich waschen. Apfel schälen und vom Kerngehäuse befreien. Für einige Sekunden in eine 1000-Watt-Mikrowelle geben und zusammen entsaften, durch ein feines Superbag oder Passiertuch passieren und anschließend mit den übrigen Zutaten abschmecken. In einem Konserven-Schraubglas voll vakuumiert lagern.

SESAMCRACKER

100 g Sesam, 3 EL Rohrzucker, 3 EL Reisessig, 1 Prise Meersalz

Sesam mit den übrigen Zutaten abschmecken. Ausgebreitet auf eine Backmatte legen und bei 52 °C für mindestens 24 Stunden in einem Dehydrator knusprig trocknen. Ausgekühlt in einem Konserven-Schraubglas voll vakuumiert lagern.

TAMARILLOCHIPS

3 EL Zucker, Saft von 1 Limette, 1 Msp. sehr fein gehackte rote Thaichili, 1 Tamarillo

Zucker, Limettensaft und Chili in einem Mixer fein pürieren, bis sich der Zucker vollständig aufgelöst hat. Tamarillo gründlich waschen und quer auf einer Aufschnittmaschine in feine Scheiben schneiden. Tamarilloscheiben durch die Zuckerlösung ziehen und auf eine Backmatte legen, bei 52 °C in einem Dehydrator für mindestens 18 Stunden knusprig trocknen und nach der Hälfte der Zeit wenden.

TOMATENFOND

1 kg überreife aromatische Tomaten, ¼ Bund Thymian, ¼ Bund Rosmarin, ½ Bund Basilikum, ½ rote Thaichili, ½ Knoblauchzehe, 50 ml stilles Wasser, Saft von 1 unbehandelten Zitrone, 1 TL Meersalz, 1 Prise Zucker

Die Tomaten waschen und grob schneiden. Die Kräuter waschen, trocken tupfen und grob zupfen. Den Knoblauch schälen und in Scheiben schneiden. Tomaten mit Wasser, Zitronensaft, Meersalz und Zucker in einem Mixer pürieren. Die Kräuter und den Knoblauch kurz vor Ende grob mitzerkleinern und alles durch ein sehr feines Superbag oder ein Passiertuch streichen. Dabei nur den Fond durchlaufen lassen, so bleibt er klar.

TOMATENFOND, AUS GETROCKNETEN TOMATEN

Herstellung identisch zum Tomatenfond. Allerdings sollten die Tomatenwürfel vorab mit Salz, Zucker und Knoblauch vermengt und anschließend auf Backmatten ausgebreitet für 8 Stunden bei 48 °C im Dehydrator getrocknet werden.

TRÜFFELWASSER

2 Trüffel, 150 ml stilles Wasser, 1 Prise Meersalz

Trüffel in einem Mixer grob hacken, zusammen mit den übrigen Zutaten in einen Vakuumbeutel geben und voll vakuumiert für 45 Minuten bei 54 °C im Wasserbad marinieren. Anschließend im Eiswasser auskühlen und für 3 Tage im Kühlschrank lagern.

WALNUSSKROKANT

100 g Walnusskerne, 3 EL Muscovado-Zucker, 1 Spritzer Reisessig, 1 Spritzer Walnussöl, 1 Prise Meersalz

Walnusskerne grob hacken und mit den übrigen Zutaten abschmecken. Ausgebreitet auf eine Backmatte legen und bei 54 °C für mindestens 14 Stunden in einem Dehydrator knusprig trocknen. Ausgekühlt in einem Konserven-Schraubglas voll vakuumiert lagern.

YUZU-KORIANDER-MAYONNAISE

100 g Mayonnaise, 1 Bd. Koriander, 1 EL Kokosöl, Saft und Abrieb von ½ Yuzu, ½ Knoblauchchip, 1 Msp. fein gehackte rote Thaichili, 1 Prise Zucker, 1 Prise Meersalz, 1 EL gefriergetrocknetes Passionsfrucht-Granulat

Koriander gründlich waschen und trocken tupfen. Die Hälfte des Korianders entsaften und die andere Hälfte sehr fein hacken. Zusammen mit den übrigen Zutaten säuerlich-würzig abschmecken.

ZITRONENGRASSUD

3 Bd. Zitronengras, 1 Spritzer Zitronensaft, 1 Spritzer Mirin

Zitronengras putzen und grob schneiden. Zusammen mit den übrigen Zutaten entsaften und durch ein feines Superbag oder Passiertuch passieren.

ZWIEBELSUD

2 Gemüsezwiebeln, 50 ml klarer Tomatenfond

Zwiebeln schälen, fein würfeln, auf einer Backmatte ausgebreitet und in einem Dehydrator bei 52 °C für 5 Stunden trocknen. Anschließend zusammen mit dem Tomatenfond entsaften und durch ein feines Superbag oder Passiertuch passieren. Die Zwiebeln können auch ohne getrocknet zu werden zusammen mit dem Tomatenfond entsaftet werden.

NACHSCHLAG 197

Danksagung

HUBERTUS TZSCHIRNER

Herzlichsten Dank ...

... an meine liebe Frau Nina, die abermals vollstes Verständnis für die Realisierung dieses Buches aufgebracht hat und mir immer treu und ideenreich zur Seite steht.
... an Thomas Vilgis, der sofort Feuer und Flamme bei diesem Titel war und dessen grandiose Arbeit ich über alle Maßen schätze. Ich freue mich auf unseren weiteren Wissensaustausch und noch viele gemeinsame Publikationen.
... an Daniel Esswein. Was soll ich sagen: Deine Freundschaft und Professionalität möchte ich nicht mehr missen, vielen Dank für ein weiteres tolles, gemeinsames Werk.
... an Dr. Holger Schneider und Dr. Thomas Hauffe vom Fackelträger Verlag für das Vertrauen in meine Arbeit.
... an Michael Büsgen für die Umsetzung unserer bildlichen und schriftlichen Ausführungen zu diesem Titel.
... an die Agentur e.s.n für die Umsetzung des Layouts
... an Werner und Lena Piehlmeier für die tolle Unterstützung zu unserem Fotostudio in München.
... an Peter Fischer für sein langjähriges Vertrauen in meine Arbeit.
... an Sabine Kühne von der Firma Rieber für die dauerhaft und zuverlässig gekühlten Lebensmittel. Vielen Dank für die unkomplizierte Unterstützung.
... an Thomas Hilser von der Firma Nesmuk für sein Vertrauen in meine Arbeit und das tolle Schneidewerkzeug. Eure Messer unterstreichen den Ursprungsgedanken dieses Buches.
... an Johannes King für den kurzen und unkomplizierten Tipp zum Kutter.
... an Ralf Bos für seine Wertschätzung meiner Arbeit.
... an Sepp Kretz, seine Familie und seine Mitarbeiter für die tolle Unterstützung zum Fotoshooting seiner Rinderzucht.
... an Andreas Thaden für die Möglichkeit auf seinem Kutter ein Tagesshooting zu machen und die Mannschaft auf hoher See zu begleiten.
... an Gerhard Daumüller für das lustige Fotoshooting und seine tollen Produkte vom Keltenhof.
... an Christian Maier vom Keltenhof für die punktgenaue, geniale Unterstützung mit Keltenhofprodukten.
... an Barbara und Shane McMahon von Shane´s Restaurant, ohne die wir nicht so schnell hätten durchstarten können.
... an meine Eltern Karin und Andreas, die immer an mich glauben und seelische Unterstützung leisten. Ich danke Euch.

... an Ulla und Manfred, die sich immer wenn Not am Mann ist, ausgesprochen selbstlos und rührend um unsere Tochter kümmern und uns in jeder denkbaren Minute bei all meinen Vorhaben unterstützen. Ich danke Euch.

... an Milla, deren bezauberndes Wesen mich neben meiner Frau zum glücklichsten Menschen macht. Ich danke und liebe Euch von Herzen.
... an meine Patenkinder Oskar und Leo.
... an meinen Bruder David und seine Lebensgefährtin Lena. Freue mich auf Euch in der alten Heimat.
... an Franzi, Tobi und Fini für den tollen Familienzusammenhalt.
... an Daniel und Steffen, meine treuesten Freunde und Ansprechpartner zu allen Themen und Anliegen. Mehr Freundschaft geht nicht.
... an den KGB in BN (Murat, Pätschi, Snake, Ralle, Wolli, Olli, Andi und Frank). Freue mich aufs erste Treffen.
... an Christian Frenko für seine treue und langjährige Freundschaft.
... an Sven und Carina Weil für die tolle Unterstützung in jeder Lebenslage.
... an Florian Knecht für seine grandiosen Tipps aus der Gastroszene.
... an Nic Lecloux von true fruits für die juicy moments.
... an Alexandra Birkel für Ihre Freundschaft, Inspiration und die grandiose PR-Unterstützung.
... an Jarno Schulz-Simonsen für unsere langjährige Freundschaft.

Ich danke meinen Eltern, die mir durch ihre langjährige Unterstützung den Freiraum gegeben haben, ohne den ich meinen Weg als Fotograf nicht hätte finden können.

Ich danke Hubertus Tzschirner für die abermalige Zusammenarbeit ohne Tellerränder. Nach nun drei Büchern verbindet uns mehr als die Liebe zum Detail und die Freude am Gestalten. Es ist eine Freundschaft gewachsen und ich freue mich auf weitere, gemeinsame Projekte.

Ich danke Dr. Thomas Hauffe und Dr. Holger Schneider für das Vertrauen und die Möglichkeit an Kochbüchern mitzuwirken.

Ich danke Michael Büsgen und allen Beteiligten, die uns vom Layout bis hin zum Lektorat auf dem langen Weg zu diesem Buch begleitet haben.

Ich danke meinem Cousin Jan Esswein, der mich so liebevoll in München während des Shootings aufgenommen hat und mit dem ich eine wundervolle Zeit verbringen durfte.

Ich danke Dr. Adam Gorski und Thomas Gorski von der Firma Hänseroth für die tolle Unterstützung an der 3d Fräse. Ich danke Frau Hennig und Herrn Jungheinrich vor Glaskeil Frankfurt, Martin und Dietrich Eilers von DK Glas Design sowie der Firma GM Foto in Frankfurt, die sich sc wunderbar um meine Technik kümmert.

Glossar

ALGIZOON/ALGINAT
Geliermittel zur Herstellung von Verkapselungen und Sphären, bekannt geworden durch seine Verwendung in der molekularen Küche. Algizoon ist ein natürlicher Extrakt, der aus Braunalgen gewonnen wird. Getropft in Calciumlonen, entfaltet Algizoon seine Wirkung und verkapselt nahezu jede Flüssigkeit.

AVOCADO FUERTE
Birnenförmige Avocadosorte, die auch während der Reifung die grüne Schale beibehält, ihr Geschmack ist cremig-mild und das Fruchtfleisch gelblich-grün.

AVOCADO HASS
Avocadosorte, die kleiner als die meistverbreitete Sorte „Fuerte" ist. Die Hass-Avocado (ihr Name stammt von Rudolph Hass) hat keine Birnenform, unverkennbar ist ihre braune Schale. Braun bis schwarz wird die Schale erst während der Reifung des Fruchtfleisches. Das Fruchtfleisch schmeckt leicht nussig.

BASIC TEXTUR
Vielseitiger, pastöser und neutraler Texturgeber, aus dem Albedo (der weißen Schicht) der Zitrone und Wasser gewonnen. Der Texturgeber kann sowohl in warme als auch kalte Flüssigkeiten eingearbeitet werden. Hiermit kann man auch Öle emulgieren, ohne Eier zu verwenden. BASIC textur ist ein deklarierungsfreies Naturprodukt.

BELLIS
Zum Verzehr geeignete Blüten aus der Gattung der Gänseblümchen. Man findet sie in den unterschiedlichsten Farben wie dunkelrot, rosa und weiß. Gezupft ist die Bellisblüte der ideale und farbenfrohe Begleiter in Salaten.

BERGAMOTTE
Birnenförmige Kreuzung einer Bitterorange und einer Limette. Meist in aromatisierten Earl-Grey-Tees zu finden. Die Frucht gibt es in Püreeform als TK-Produkt aus dem Hause Boiron.

BERBERITZEN
Kleine rote Beeren, die durch ihren hohen Anteil an Vitamin C sehr säuerlich schmecken. Im Handel ausschließlich getrocknet zu finden, dienen sie meist zur Verfeinerung von Saucen, Suppen, Eintöpfen oder Reis- und Getreidegerichten.

BIRD-EYE-CHILI
Chilischote aus Afrika. Im Handel auch unter dem Namen „Piri Piri" zu finden. Die Schote kommt meist in getrocknetem Zustand zu uns. Sie zählt mit über 100 000 Scoville-Einheiten zu den feurigen Chilisorten.

BONITOFLOCKEN
Getrockneter und geräucherter Thunfisch, der unter der Bezeichnung „Katsuobushi" im japanischen Handel am Stück zu finden ist. Er ist Hauptbestandteil der japanischen Dashi-Suppe und gilt als natürlicher Geschmacksverstärker. Bei uns gibt es Bonitoflocken nur als gehobelte Ware.

BORAGE CRESS
Ein Produkt aus dem Hause Koppert Cress. Wegen seines frischen, leicht salzigen Austerngeschmacks wird es auch als „Gurkenkraut" bezeichnet.

BRONZEFENCHEL
Fenchelpflanze, die im Gegensatz zum normalen, hellgrün gefärbten Fenchel dunkelbraune, rötlich gefärbte Blätter hat. Die Stängel des Bronzefenchels sehen ein wenig wie welker Dill aus. Geschmacklich hat der Bronzefenchel eine süßliche Anisnote und schmeckt nicht so metallisch wie der grüne Fenchel.

CAJUN SPICE
Gewürzmischung der franko-kanadischen Küche, heute mehrheitlich in den Südstaaten der USA verwendet. Hauptzutaten sind Chili, Knoblauch, Zwiebel, schwarzer Pfeffer, Kreuzkümmel, Korianderkörner, Bergkernsalz, Fenchelsaat, Kardamomsaat, Thymian und Oregano.

CALAMARETTI
Kleine Tintenfische bzw. Kopffüßler, die in Südeuropa gern gegrillt mit etwas Zitrone gereicht werden. Doch auch in Japan weiß man diese Köstlichkeit zu schätzen.

CALAZOON
Calcium-Laktat, das in Verbindung mit Algizoon als Hilfsstoff für die Ausbildung von Verkapselungen dient.

CASSIS
Bezeichnung für schwarze Johannisbeeren. Für die Rezepte in diesem Buch wurde das Fruchtpüree aus dem Hause Boiron verwendet.

CHARDONNAYESSIG
Essig aus dem Hause FORUM, der überwiegend aus Chardonnaymost hergestellt wird.

CHARENTAIS-MELONE
Ist eine Melonensorte, abgeleitet von der Cantaloupe-Melone, ihr Fleisch ist orange, mittelsüß und schmeckt melonig-frisch.

CHORIZO
Eine meist scharfe, süßlich schmeckende spanische Salamiart, deren Hauptzutat Paprika für die rote Farbe verantwortlich ist.

CLEMENTINE
Eine kernarme Zitrusfrucht, ähnlich der Mandarine. Sie ist eine Kreuzung zwischen Mandarine und Pomeranze. Ihren Namen verdankt sie dem Priester Pierre Clément, der sie entweder gezüchtet oder auch nur entdeckt hat.

COLD DRIPPER
Ist eine Konstruktion zur Kaffeeherstellung ohne die Verwendung von heißem Wasser. Die Konstruktion besteht aus einem Wasserbehälter mit einem Tropfventil, einem Filterbehälter für gemahlenen Kaffee und einem Auffangbehälter. Dabei kann man die Tropfgeschwindigkeit von schnell bis sehr langsam justieren. Wasser kann so durch den gemahlenen Kaffee in 20 Minuten, aber auch erst in 24 Stunden durchtropfen. Eine sehr gesunde Art, Kaffee zu genießen. Dieses Gerät ist auch abwandelbar für andere Zutaten.

COQUITO
Ist eine Mini-Kokosnuss mit harter Schale, weißem, festem Fleisch, aber ohne Saft.

CORAIL
Ist der Rogen von Krustentieren, wie Hummer und Jakobsmuschel.

CURRY MAHARADJA
Ist eine Currymischung aus dem Hause „Altes Gewürzamt", bestehend aus Kurkuma, Koriander, Fenchel, Bockshornklee, Zimtblüte, Cumin, Zitronengras, Macis, Paprika, Jasminblüte, Senf, Galgant, Nigella, Kardamom, Gewürznelken, Orangenschale, schwarzem Pfeffer, Vanille und Langem Pfeffer.

DUCCA
Äthiopische Gewürzmischung aus weißer Sesamsaat, Kichererbsen, Korianderkörnern, Kreuzkümmel, schwarzem Pfeffer, Minze und Thymian.

EMULZOON
Emulgator und Stabilisator aus Soja-Lecithin, der zur Bindung von Fett und Flüssigkeit, aber auch zur Herstellung stabiler Schäume aus jedweder Flüssigkeit eingesetzt wird.

FISCHSAUCE NUOC MAM
Vietnamesische fermentierte Fischsauce, die meist auf der Insel Phú Quôc hergestellt wird. Sie besteht zu großen Teilen aus Anchovis, Wasser, Zucker und Salz.

FUMÉE (RAUCHÖL)
Ist ein pflanzliches Öl mit Raucharoma. Es enthält natürliches Raucharoma, Gewürzextrakte und Paprikaaroma.

GALADIUM
Die Stängel der Tarowurzel (Colocasia esculenta) werden oft unter dem Namen Galadium angeboten. Die Stiele sind grün und erinnern optisch an Rhabarber. Aufgeschnitten zeigt sich ein weißes, großporiges, poröses Fruchtfleisch, dessen Gewebe große Mengen an Wasser speichern kann.

GEFRIERTROCKNEN
Ein Verfahren zur schonenden Trocknung von hochwertigen Lebensmitteln.

CURRYPASTE
Ist eine thailändische Würzpaste auf der Basis von Kräutern und Gewürzen. Die Currypaste ist eine typische Zutat der thailändischen Küche.

GEMÜSEPAPAYA
Ist eine grüne Papaya mit weißem Fruchtfleisch und weißen Kernen und gehört zu den Melonenbaumgewächsen. Der Geschmack ist neutral.

GOLDPFIRSICH
Ist eine Pfirsichart mit gelblich-goldener Schale und gelblich-goldenem Fruchtfleisch.

GRENADILLA
Gehört zu den Passionsfrüchten. Die Grenadilla (kleiner Granatapfel) ist hühnereigroß mit einer glatten, eher

trockenen bis holzigen Schale. Die Farbe der Schale ist orange mit gelben Einsprengseln. Das Fruchtfleisch ist gelb-weiß und geleeartig. In dem Gelee befinden sich zahlreiche grüne essbare Kerne.

HANFSAMEN
Hanfsamen werden ungeschält oder geschält angeboten und finden roh oder geröstet Verwendung in Brot, Gebäcken, Müslis oder Knabbereien. Hanf schmeckt herb-würzig, arteigen und nussig. Ungeschälte Samen haben einen schönen knackigen Biss. Die Samen liefern alle essenziellen Aminosäuren und im Ölanteil bis zu 90 Prozent mehrfach ungesättigte Fettsäuren.

HERBSTTROMPETEN
Sind schwarze, den Pfifferlingen ähnliche Pilze, die auch Tote Trompeten genannt werden.

ISI-SYPHON (ESPUMA-FLASCHE)
Früher auch unter dem Namen „Sahnebomber" bekannt, da in den Metallflaschen mit 1 Liter Fassungsvermögen ausschließlich Sahne aufgeschäumt wurde. Heute gibt es die iSi- oder Espuma-Flaschen in verschiedenen Größen und Ausführungen. Es werden sowohl warme als auch kalte Speisen durch die Zugabe von mit Stickstoff gefüllten Patronen aufgeschäumt.

KAFFIRLIMETTE
Zitruspflanze, die in Größe und Farbe der Limette ähnelt. Die Schale ist allerdings wesentlich dicker, mit einer sehr unebenen Oberfläche. Im Kochalltag werden meist die frischen Blätter verwendet. Sie verleihen Gerichten eine zitrusstarke Note. Wie der uns bekannte Lorbeer werden die Blätter Saucen, Eintöpfen, Currys und Suppen hinzugefügt und ziehen darin.

KALTPRESSUNG (OLIVENÖL AUS ERSTER PRESSUNG)
So bezeichnet man die Herstellung der sogenannten nativen oder naturbelassenen Pflanzenöle, dazu benötigt es lediglich eine einzige Pressung mit anschließender Filtration zur Herstellung des Öls. Die Begrifflichkeit gibt jedoch keine konkrete Aussage über die verwendeten Temperaturen bei der Pressung, hier sind auch Temperaturen bis zu 75 °C möglich, abhängig vom zu pressenden Produkt. Um eine schonende Pressung zu erlangen, sollte eine Überschreitung von 45 °C vermieden werden.

KARTOFFELSTAMPFGEWÜRZ
Ist eine Gewürzmischung aus dem Hause „Altes Gewürzamt" bestehend aus folgenden Zutaten: Röstzwiebeln (Zwiebeln, pfl. Öl, Buchweizenmehl, Salz), Bergkernsalz, Korianderkörner, Kümmel, Macis, schwarzem Pfeffer, Schabzigerklee, Salish Alderwood (Rauchsalz), Kreuzkümmel, Knoblauch, Piment.

KASHMIR CURRY
Spezielle Currymischung aus dem Hause „Altes Gewürzamt" aus Kurkuma, Chili, Korianderkörnern, Bockshornkleesaat, Fenchelsaat, schwarzem Pfeffer, Kreuzkümmel, Ingwerwurzel, brauner Senfsaat, Langem Pfeffer, Schwarzkümmel, Galgant, Kardamomsaat, Macis, Zimtblüten und Gewürznelken.

KEFIR
Ist fermentierte Frischmilch, nicht durch Milchsäurebakterien, sondern durch Gärungserreger wie den Kefirpilz. Dabei vergärt der Milchzucker und bildet Milch- und Kohlensäure und einen geringen Anteil Alkohol. Auch Kokosmilch mit Kefirknollen versetzt ist als Kefir denkbar.

KIMCHI
Ist die Zubereitung von Gemüse durch Milchsäuregärung, ähnlich zu unserem Sauerkraut.

KIWANO
Auch Horngurke oder Hornmelone genannt, ist eine gelbe, mit groben Stacheln versehene Frucht mit grünem Kerngehäuse. Ähnlich der Passionsfrucht kratzt man dieses zum Verzehr heraus.

KLETZE (DÖRRBIRNE)
Ist eine getrocknete und damit haltbar gemachte Birne. Somit gehört die Kletze auch zum Dörrobst. Optisch ist die Kletze schwarz und schrumpelig.

KOKOSBLÜTENZUCKER
Ein natürlicher brauner Zucker aus der Kokosblüte. Kokoszucker wird aus dem Blütennektar von Kokospalmen gewonnen und direkt aus der Kokosblüte als Sirup gezapft. Im Handel wird er als grober Streuzucker angeboten.

KOMBU
Essbarer Seetang mit sehr hohem Jodgehalt. Der beste Kombu kommt von den Küsten vor Hokkaido, Japan. Bei uns ist er getrocknet im Handel zu finden und einer der wichtigsten Bestandteile der japanischen Suppengrundlage Dashi.

LANGER PFEFFER
Pfeffer, der seinen Namen nicht zu Unrecht trägt. Er stammt aus dem Himalaya und wächst wild bis nach Südindien. Langer Pfeffer schmeckt leicht süß-säuerlich und hat eine vergleichbare Schärfe wie schwarzer Pfeffer.

MACIS (MUSKATBLÜTE)
Samenmantel, der sich um die Muskatnuss legt. Ihr Geschmack ist harzig und bitter wie der Samen, nur etwas milder.

MARILLENESSIG
Essig, der aus dem Saft sehr reifer Marillen gewonnen wird. Meist wird er in der fernöstlichen Küche verwendet.

MICRO-BLUTAMPFER
Auch Hain-Ampfer genannt, gehört zu den Knöterichgewächsen. Geschmacklich besticht der Blutampfer durch seine frische Säure. Optisch ist er durch die roten Adern ein wirklicher Hingucker.

MICROPLANE-REIBE
Ein Reibeisenhersteller aus den USA, der sich durch besonders präzise und scharfe Reiben auszeichnet, die seit einigen Jahren die private und auch die Profiküche erobert haben.

MIRIN
Japanischer süßer Wein aus Reis, der auch zum Würzen verschiedener Gerichte verwendet wird.

MISOPASTE
Ist eine japanische Sojapaste aus fermentierten Sojabohnen, meist mit einem Anteil Getreide und ausreichend Salz.

MONKEYS 47 GIN
Gin aus dem Schwarzwald. Ein aus 47 Kräutern bestehendes Destillat von Christoph Keller.

MUSCOVADO-ZUCKER
Ein sehr malziger, feuchter Rohrzucker von Mauritius.

MYSTERIUM LIBARIUS
Gewürzmischung aus dem Hause „Altes Gewürzamt" aus folgenden Zutaten: Vanille, Mädesüßblüten, Kamilleblüten, Orangenschale, Korianderkörner, Bergkernsalz, Zitronenschale, Macis, Zimtrinde, Kardamomsaat, Tonkabohne (1,7 %), Sternanis, Gewürznelken.

NATIVES OLIVENÖL EXTRA
Naturbelassenes Olivenöl von besonderer Qualität. Nativ (naturbelassen) heißt, dass bei der Olivenölherstellung nur bewährte mechanische Verfahren zum Einsatz kommen dürfen, wie beispielsweise die Kaltpressung oder Kaltextraktion. „Extra" steht dabei für die Reinheit und die höchste Qualität.

OKRA (LADYFINGERS)
Ist eine spitz zulaufende Kapsel- oder Schotenfrucht aus der Familie der Malvengewächse. Sie wird 12–20 cm lang, hat eine hell- bis dunkelgrüne Farbe und einen feinen Flaum auf der Außenhaut. Typisch ist die Bildung einer Art Schleim sowohl beim kalten aber auch beim warmen Garen.

OXALIS
Grüner Sauerklee, der im Geschmack sehr an Sauerampfer erinnert. Rote Oxalis ist nicht nur viel größer als grüne, sie besitzt äußerlich die Anmutung eines Schmetterlings und verfügt über Nuancen einer Sauerkirsche. Bei der Verarbeitung färbt rote Oxalis extrem.

PACOSSIEREN
Das Pacossieren ermöglicht Köchen, frische, tiefgefrorene Lebensmittel ohne Auftauen zu mikropürieren, um ultraleichte Mousses, naturfrische Eiscremes und Sorbets oder aromatische Suppen, Saucen und Füllungen herzustellen. Intensive Aromen, natürliche Farben und vitale Nährstoffe bleiben in den servierfertigen Portionen erhalten.

PASSEPIERRE
Ist der Europäische Queller, eine Salzpflanze, die in überfluteten Wattböden wächst. Wird auch als Meeresfenchel, Meeresbohne oder Meeresspargel bezeichnet.

PEA SHOOTS
Sind die jungen Triebe der Gartenerbse.

PIMENTÓN DE LA VERA
Geräuchertes Paprikapulver, das ausschließlich in der westspanischen Provinz Extremadura produziert wird. Erhältlich als mild-süßliche und süßlich-scharfe Variante.

PIMPINELLE
Das Wiesenkraut ist fester Bestandteil der Frankfurter Grünen Sauce. Geschmacklich besticht es durch eine pikante, nussartige frische Note, die an Gurke erinnert.

PINK LADY
Sehr populäre Apfelsorte, die durch einen sehr frischen, süß-säuerlichen Geschmack besticht.

PURPLE CURRY
Eine Currymischung aus dem Hause „Altes Gewürzamt", die durch ihre violette Farbe besticht. Die Farbe wird dem Curry durch die hinzugegebene Hibiskusblüte verliehen.

RAS EL HANOUT
Eine marokkanische Gewürzmischung aus verschiedenen Gewürzen, deren Zusammenstellung individuell gehandhabt wird.

REISESSIG MIZUKAN
Asiatischer Essig aus Reiswein oder vergorenem (fermentiertem) Reis. Reisessig ist sehr mild im Geschmack und hat eine feine Säure.

ROCK CHIVES
Produkt aus dem Hause Koppert Cress, erkennbar an der kleinen schwarzen Hülse an der Spitze der zarten grünen Stängel, die optisch wie geschmacklich an Schnittlauch erinnern.

ROTE-BETE-GRANULAT
Wird aus gefriergetrockneter Roter Bete hergestellt und eignet sich besonders gut zum Färben und Aromatisieren von Lebensmitteln.

SASHIMI-QUALITÄT
Die Qualität bezieht sich auf den sehr frischen Rohzustand bei Fischen. In Fernost werden traditionell Sashimis gar aus dem noch lebenden Tier herausgeschnitten.

SCHAFGARBE
Ein wiederentdecktes Wiesenkraut, das meist Salaten oder Fischgerichten zugegeben wird. Schafgarbe hat eine spritzige, leicht bittere Note.

SCHOKOMINZE
Besondere Art der Minze, die im Geruch wie geschmacklich eine kräftige Schokoladennote hervorbringt. Die kleinen Blätter sind sehr robust und haben eine dunkelgrüne bis violette Färbung.

SEA OF SPICES
Gewürzmischung aus dem Hause „Altes Gewürzamt" aus folgenden Zutaten: Tomatenflocken, grüner Pfeffer, weißer Pfeffer, Bergkernsalz, rosa Beeren, Knoblauch, Wakamé-Algen, Korianderkörner, rosenscharfer Paprika, Sternanis, Chili, Estragon, Lorbeerblätter.

SEIDENTOFU
Ist ein vegetarisches Nahrungsmittel, das ähnlich der Käseherstellung aus Milch ist. Aus einem Sojabohnenteig wird durch Denaturierung und Koagulation von Proteinen in der Sojamilch der Tofu hergestellt. Seidentofu wird im Gegensatz zu normalem Tofu nicht abgetropft und behält so seine weiße Farbe.

SELLERIEPULVER
Pulverisierter, getrockneter Sellerie, versetzt mit Maltodextrin.

SHISO-KERNE
Produkt aus dem Hause Koppert Cress. Shiso-Kerne gibt es in Grün und Violett. Die grüne Variante hat einen ausgeprägten Anis- und Minzegeschmack, der rote Shiso erinnert mehr an Kümmel, doch beide sind damit ideale Begleiter zu Fisch und Krustentieren. Auch Salate ergänzen sie hervorragend. Normaler Shiso wird auch als „wilder Sesam" bezeichnet.

SPIRIT OF SPICE
Familiengeführte Gewürzmanufaktur aus Willich in Deutschland.

SPITZPAPRIKA
Eine Paprikasorte, die ihrem Namen gerecht wird. Meist sind diese grün-gelblich, doch auch die kräftig dunkelroten spitzen Schoten sind mittlerweile überall bei uns zu bekommen. Die Spitzpaprika schmeckt würziger und süßer als die uns bekannten runden Paprikaschoten.

SQUEEZE-FLASCHE
Kunststoffflasche, meist gefüllt mit Ketchup, Senf oder Mayonnaise. Diese Flaschen gibt es im Handel in verschiedenen Größen zum Selbstbefüllen.

STICKSTOFFPATRONE
Eine mit Stickstoff gefüllte Patrone zur Verwendung von iSi-Flaschen (Espuma-Flaschen), um cremige Flüssigkeiten aufzuschlagen.

SUPER-SASHIMI-QUALITÄT
Qualitätsstufe für den Verzehr von rohem Fisch. Diese bezeichnet die Frische der Lebensmittel.

TAHIN
Aus Sesam hergestellte Paste, die in der nordafrikanischen Küche ihre Verwendung findet.

TASMANISCHER PFEFFER
Australische Pfeffersorte, deren Blätter und auch Beeren verwendet werden. Die Beeren haben eine gewürzähnliche Note und verfärben sich in Flüssigkeit violett. Der Geruch erinnert sehr an Piment und Nelke.

THAIBASILIKUM
Basilikumart, die in der thailändischen und vietnamesischen Küche häufig verwendet wird. Der leicht scharfe Geschmack erinnert an Anis und Fenchel.

THAIZWIEBEL
Kleine rötliche Zwiebelsorte, deren Optik und Geschmack eher an eine Schalotte erinnert. Allerdings ist sie ein wenig milder und süßlicher im Geschmack.

TIGERNUSS (ERDMANDEL)
Erdmandeln bestehen zu mehr als 25 Prozent aus Fett, aus etwa 30 Prozent Stärke und zu 7 Prozent aus Eiweiß. Sie enthalten viel ungesättigte Fettsäuren wie Linolsäure, Vitamin H und Rutin sowie viele Mineralstoffe. In Spanien wurde die Erdmandel bekannt durch das Getränk „Horchata de Chufa" (Tigernussmilch).

TOGARASHI
Gewürzmischung aus dem Hause „Altes Gewürzamt" aus folgenden Zutaten: schwarze Sesamsaat, Mandarinenschale, Chili, edelsüßer Paprika, Szechuanpfeffer, Norialgen, Zitronenmyrte, schwarzer Pfeffer, Ingwer.

TOMATENFLOCKEN
Hergestellt durch Entsaften und Sprühtrocknen aus dem Saft hochreifer und aromatischer Tomaten. Tomatenflocken sind sehr konzentriert im Geschmack. 1 kg Tomatenflocken entspricht dabei ca. 13,6 kg essbaren Tomaten.

TOMATENKERNÖL
Aus den Kernen und der Schale von Tomaten hergestelltes Öl, das sich für jede Gelegenheit eignet. Ob warme Gerichte oder kalte Speisen, es verleiht den Gerichten ein feines Tomatenaroma.

TOMATILLO ODER TOMBERRY
Mexikanische Beerenfrucht, auch Minitomate genannt. Man unterscheidet gelbe und rote Beerensorten. Ihr Geschmack ist sehr tomatig-süß.

TOSAKA-NORI-ALGEN
Eine Algenart, die natürlich gewachsen in verschiedenen Farben im Handel angeboten wird. Tosaka-Algen/Seetang werden in der japanischen Küche frisch als Salat zubereitet oder zu Sashimi gereicht.

VADOUVAN
Fermentierte Gewürzmischung aus dem Hause „Altes Gewürzamt" aus folgenden Zutaten: Zwiebeln, Kreuzkümmel, Bockshornkleesaat, Linsen, Senfsaat, Knoblauch, Kurkuma, Curryblätter, Erdnussöl, Salz.

VULCANOSPECK
Dieser Räucherspeck besticht sowohl durch seinen angenehmen „Biss" als auch durch hervorragend kultiviertes Aroma. Nicht Fett, sondern „weißes Fleisch" von unvergleichlichem Geschmack. Der Speck kommt aus dem Steierischen Vulkanland und wird 4 Monate gereift.

WAKAME
Braunalge, die in der japanischen Küche die Misosuppe kräftig aromatisiert. Mit Sesam verfeinert, wird auch Salat daraus zubereitet.

WASABI-RAUKE/WASABI-KRAUT
Sie enthält jede Menge scharfe Senföle und verblüfft im Geschmack. Ihr Aroma erinnert unverkennbar an Wasabi.

XANTHAN
Ist ein natürlich vorkommendes Polysaccharid. Es wird mithilfe von Bakterien der Gattung Xanthomonas aus zuckerhaltigen Substraten gewonnen. Xanthan wird auch zur Bindung in der Wurstherstellung verwendet.

YUZU
Ist eine hybride japanische Zitrusfrucht mit gelber Schale. Der Saft erinnert an eine Mischung aus Zitrone, Limette und Orange.

ZATAR
Ist eine Gewürzmischung aus dem Hause „Altes Gewürzamt", die aus folgenden Zutaten besteht: weiße Sesamsaat, Sumach (Sumachfrüchte, Salz 6 %, Baumwollsaatöl), Wildthymian, Zitronenthymian, Schwarzkümmel, Bergkernsalz.

Bezugsquellen

esskunst

HUBERTUS TZSCHIRNER

esskunst Hubertus Tzschirner
Hausbergstraße 14
61231 Bad Nauheim
www.hubertus-tzschirner.de

eatnuts
Hausbergstraße 14
61231 Bad Nauheim
www.eatnuts.de

DANIEL ESSWEIN
www.danielesswein.com
FOTOGRAFIE

Daniel Esswein – Fotografie
Weißadlergasse 9
60311 Frankfurt
www.danielesswein.com

SossenGold
Gold Foods GbR
Landshuter Allee 47,
D-85737 München
www.sossengold.de

RIEBER
Rieber GmbH & Co.KG
Hoffmannstr. 44
72770 Reutlingen
www.rieber.de

DK Glas – Design
Lahnstr. 37-41
60326 Frankfurt am Main
www.dk-glas-design.de

Glaskeil Frankfurt GmbH & Co KG
August-Schanz-Straße 66-70
60433 Frankfurt am Main
www.glaskeil-frankfurt.de

Hänseroth Technik GmbH
Kirschenallee Gebäude G42
64293 Darmstadt
www.haenseroth-schilder.com

GM-Foto GmbH
Taunusstraße 47
60329 Frankfurt am Main
www.gmfoto.de

Foto Dinkel München
Landwehrstraße 6
80336 München
www.dinkel-foto.de

KOMET Maschinenfabrik GmbH
Am Filswehr 1
73207 Plochingen
www.vakuumverpacken.de

Domnick
KOMET Maschinenfabrik GmbH
Am Filswehr 1
73207 Plochingen
www.gourmet-thermalisierer.de

Stefanie Hering – Berlin GmbH
Königsweg 303
D-14109 Berlin
www.heringberlin.com

ROSENTHAL
Rosenthal GmbH Hotel & Restaurant Service
Philip-Rosenthal-Platz 1
95100 Selb
www.rosenthal.de

BOSFOOD
Grünstraße 24c
40667 Meerbusch
www.bosfood.de

FRISCHE PARADIES
Lärchenstraße 101
65933 Frankfurt
www.frischeparadies.de

ISI DEUTSCHLAND GMBH
Mittelitterstr. 12-16
42719 Solingen
www.isi.com

KELTENHOF FRISCHPRODUKTE GMBH
Keltenhof 1
70794 Filderstadt
www.keltenhof.com

KOPPERT CRESS BV
De Poel 1
NL-2681 MB Monster
www.koppertcress.com

STYLE BY WEIL
Griedelerstr. 16
35519 Rockenberg
www.style-by-weil.de

Linde AG Gases Division Germany
Seitnerstraße 70
82049 Pullach
www.linde-gas.de

UK Juicers
UK Juicers Limited
Unit 5 Harrier Court Airfield Business Park Elvington
YORK
YO41 4EA
www.ukjuicers.com

Rezeptverzeichnis

Ananas mit Kokos, Muscovado-Zucker und Oxalis 175
Austernshot mit Tomate, Passepierre und Monkeys Gin . 75
Ayran mit Sardine, Wassermelone und Estragon 113

Beeren mit Absinth, Fenchel und Honig 182
Beten mit Sellerie, Aprikose und Kapuzinerkresse 127
Bio-Gänseleber mit Kirsche, Pekannuss und
   Kapstachelbeeren 55

Calamaretti mit Tomate, Avocado und Pinienkernen ... 82
Carpaccio vom Bayrischen Wagyu mit Rauke,
   Tamarillo und Pinienkernen 61
Cassis mit Mandel, Babybanane und Johannisbeere .. 180
Culatello mit Melone, Granatapfel und Oxalis 53

Dorade mit Thaispargel, Chorizo und Erdnuss 80

Eisberg mit Knoblauch, Parmesan und Daikon 163

Feige mit Blumenkohl, Haselnuss und Senf 179
Forelle mit geraucherter Karotte, Sellerie und Apfel 108

Gazpacho esskunst 156
Guavesmoothie mit Drachenfrucht, Kokos und
   Gurkenkresse 185
Gurke mit Algen, Melone und Carabinero 99
Gurkenmaki mit Herford Prime Beef, Sauerkraut
   und Sprossen 71
Gurkensuppe mit Zucchini, Okra und Melone 129

Jakobsmuschel mit Wassermelone, Zitrone und Chili 101
Jakobsmuschelshot mit Kokos, Erdnuss
   und Schokominze 118

Karottenmaki mit Tuna, Thaibasilikum und Mango 121
Karottennudeln mit Mango, Mini-Kiwi und
   Purple Curry 147
Karottensud mit Pea Shoots, Jakobsmuschel und Kokos 97
Kohlrabi mit Heidschnucke, schwarzem Sesam
   und Tomate 64
Kraut & Rüben 165

Lachs mit Wasabi-Rauke, Kefir und Avocado 103
Latte Macchiato 177
Limousinlamm mit Paprika, Wiesenkräutern und Joghurt 56

Makrele, geraucht, mit Paprika, Romanesco
   und Mandel 86
Matjes mit Sprossen, Zwiebelkompott und Roter Bete 77

Norisushi mit Daikon, Lachs und Avocado 115

Palmherz mit Avocado, Passionsfrucht und Kaktusfeige 149
Papayasmoothie mit Mango, Koriander
   und Calamaretti 123
Paprikasmoothie mit Herbsttrompeten, Hüttenkäse
   und roten Zwiebeln 145
Pflaumensmoothie mit Banane, schwarzer
   Johannisbeere und Bronzefenchel 173
Pilzsalat mit Dörrbirne, Trüffel und Nüssen 150
Pomelo mit Yuzu, Zitronengras und roten Zwiebeln 171

Regenbogenforelle mit Fenchel, Karottenduftreis
   und Granatapfel 90
Rettichpapier mit Mangostin, Banane und Avocado .. 134

Sardine mit Tomaten, Gurke und Rauchpaprika 107
Seidentofu mit Karotten, Erbsen und Yuzu 159
Spinat mit Forelle, Miso und Erdnuss 116
Spinatravioli mit Spargel, Bachsaibling und Kimchi 139
Staudensellerie mit Roter Bete, Walnuss
   und Goldpfirsich 133
Süßwassergarnele mit grüner Tomate, Paprika
   und Vulcano Speck 89
Sylter Royal mit Kaki, Trüffel und Pata Negra 9 95

Taboulé mit Grenadillo, Kiwano und Granatapfel 140
Thunfisch mit Papaya, Mango und Passionsfrucht 79
Tomatensalat esskunst mit Ricotta, Daikonkresse
   und Knoblauch 143
Tomatenshot mit Frischkäse, Schnittlauch und Steinpilz 161

Wasserkresse-Smoothie mit Apfel, Joghurt
   und gebeiztem Rind 68
Williams Birne mit Trauben, Mandel und Lardo 63

Zucchini-Tagliatelle mit Knoblauch, Makrele
   und Kirschtomaten 155